儿童合作学习素养培育的
原理与实践

莫国平　徐根泉　朱　芳　主编

《儿童合作学习素养培育的原理与实践》

编 委 会

主　编：莫国平　徐根泉　朱　芳
副主编：沈丽婧　吕向萍
编　委：邹卫华　闵荣生　凌建青　李晓文
　　　　陈卓贤　蒋小芹　樊菊华　柳雪花
　　　　陆云恺　邬蕴雯　张思成　张佳雯
　　　　陆　菲　吕国荣　陆文强　沈　丹
　　　　沈　皓　陈红芬　吴　珍　何方英
　　　　邱显芬　陈希文　徐泉红

序 PREFACE

江南水乡同里古镇，因拥有世界文化遗产退思园而闻名遐迩。古镇上有一所拥有120年历史的小学——同里实验小学，其前身是1902年金松岑先生创办的同川学堂，金先生提出的"德""智""体""群""美"五育并重办学理念中的"群"，是指群体交往的合作协同能力。据南社研究会相关史料记载，110年前，蔡元培先生曾为同川学堂校庆10周年撰写纪念碑文，同川学堂人文荟萃，故曰"同志同里"。我兴之所至查阅典籍，发现春秋时期左丘明在《国语》一书中对"同志"一词做了解释："同德则同心，同心则同志。"一百多年来，同里实验小学秉承"诚、勤、朴、爱"的古老校训，传承"群"的创校理念，同心同德，创新打造"合作学习素养"育人品牌。

随着云计算、大数据、移动互联网、人工智能等现代科技的发展与应用，合作意识与合作能力愈来愈成为人类生存发展的重要品质。2014年，同里实验小学在省级课题"从形式走向实质：小学生合作学习品质提升的研究"的科研引领下，开始聚焦课堂的合作学习品质养成研究。课题组老师从社会心理学、认知心理学等角度解读合作学习的基本原理，知晓了师生互动、师师互动和生生互动三种合作学习策略，聚焦生生互动并以此为出发点，探索基于生生互动的合作学习本土化、校本化研究，有机整合教师课堂讲授和学生小组合作学习，以达到促进学生个体与群体协同发展的目的。

其间，学校参与了华东师范大学与英国伦敦大学学院（University College London，UCL）的国际合作课题"基于互联网的班额与有效教学研究"，并作为中国农村小学的代表学校，接受了课题负责人、英国伦敦大学学院彼得·布拉奇福德（Peter Blatchford）教授等的中期评估。布拉奇福德教授旁听了小学六年级的数学课，他为老师合作学习的时机把握、课堂生成，为学生的小组合作学习和自主管理能力所折服。他一直问我："为什么？为什么中国孩子能把西方发明的合作学习策略掌握得这么好？"记得当时的校长徐根泉先生回答："我们先建立了合作学习小组，每个学生在小组中拥有一个角色，并承担相应的职责；我们在各科教学中设计了学习单，引导学生在组内合作讨论、互助共享……"

2016年中国学生发展核心素养研究成果发布，提出发展学生核心素养是落实立德树人根本任务的重要举措，也是适应世界教育改革发展趋势、提升中国教育国际竞争力的迫切需要。其中的文化基础、自主发展、社会参与三个方面、六大素养、十八个基本要点，皆指向中小学生应具备的、能够适应终身发展和社会发展需要的品格和关键能力。同里实验小学共情国家教育发展需求，继续合作学习素养的深度研究，承担了江苏省教育科学"十三五"规划重点课题"儿童合作学习驿站构建的实践研究"。学校用"驿站"作为隐喻，视校园为合作学习素养培育的一个特殊空间，从国家课程、校本课程、潜在课程三个层面，全方位系统打造同里孩子的合作学习素养。

同里实验小学在合作学习品质研究的基础上，探索合作学习素养的构成要素，开启了三轨并举的创新实践。"三轨"即常规教室里的国家课程、特殊学习空间的校本课程、基于校园文化资源的潜在课程。在常规教室里，课题组提炼了校本化实施国家课程的教学范式，如基于小组合作的新授课、复习课，小组值日清单等。在学校创建的、与国际教育接轨的特殊空间——学习中心里，课题组创设了校本课程"儿童合作学习驿站"教学范式，开展师师合作与生生合作融合的多元合作教学。此外，课题组还充分挖掘并利用百年老校积淀的校园文化资源，探索潜在课程的实施路径——开展项目化学习，如以校园指示图、雪耻亭、五月九日国耻纪念之碑、同川君和丽则卿等为主题的小组合作探究活动，以及图书借阅、食堂用餐时的自主管理策略等。

如今，手捧同里实验小学师生的研究专著《儿童合作学习素养培育的原理与实践》，我感到无比欣慰，并为之骄傲和自豪。它记录了一所百年老校再创的辉煌——从"合作学习品质"到"合作学习素养"培育的理念提升和视野更新；记录了核心素养时代同里实验小学师生与时俱进、创新实践的历程。

它原创且理论贯通实践！

它可以言传且能复制、迁移！

它富有中国味且值得品读和体悟！

董蓓菲

华东师范大学教授、博士生导师

2022年7月于湖墅

CONTENTS

第一章 儿童合作学习素养培育的研究　1

第一节　研究概述 …………………………………………………… 3
　一、研究背景 ……………………………………………………… 4
　二、研究综述 ……………………………………………………… 5
第二节　调查报告 …………………………………………………… 10
　一、资料与方法 …………………………………………………… 10
　二、结果 …………………………………………………………… 10
　三、讨论 …………………………………………………………… 22
　四、建议 …………………………………………………………… 24
第三节　合作学习素养图谱 ………………………………………… 27
　一、合作学习素养的核心概念及内涵 …………………………… 27
　二、合作学习素养的养成 ………………………………………… 29
第四节　研究历程 …………………………………………………… 30
　一、研究路径 ……………………………………………………… 30
　二、实施过程 ……………………………………………………… 32
　三、研究成果 ……………………………………………………… 42

第二章 儿童合作学习素养培育的路径　47

第一节　国家课程的校本化实施 …………………………………… 49
　一、合作学习小组的建设 ………………………………………… 49
　二、合作学习的时机选择 ………………………………………… 51
第二节　校本课程的创新实践 ……………………………………… 56
　一、"儿童合作学习驿站"的校本课程方案 ……………………… 56
　二、"儿童合作学习驿站"校本课程 ……………………………… 62

三、基于学习中心的校本课程实践…………………… 99
第三节　潜在课程的资源开发…………………………… 104
　　一、图书角自主管理…………………………………… 104
　　二、自主就餐管理……………………………………… 107
　　三、校园里的文化资源………………………………… 109

第三章　儿童合作学习素养培育的策略与方法　113

第一节　儿童合作学习素养培育的策略………………… 115
　　一、儿童合作学习素养培育教学准备策略…………… 115
　　二、儿童合作学习素养培育教学实施策略…………… 128
　　三、儿童合作学习素养培育评价策略………………… 133
第二节　儿童合作学习素养培育的方法………………… 134
　　一、小组探究法………………………………………… 135
　　二、合作学习习作清单………………………………… 142
　　三、小组游戏竞赛法…………………………………… 144
　　四、值日清单管理……………………………………… 151
　　五、项目化学习………………………………………… 159

第四章　儿童合作学习素养培育的教学范式　169

第一节　合作学习支架——学习单……………………… 171
　　一、学习支架解读……………………………………… 171
　　二、学习单的设计……………………………………… 172
　　三、经验提炼…………………………………………… 178
第二节　合作学习教学模式……………………………… 188
　　一、模式解读…………………………………………… 188
　　二、范例式教学模式的运用…………………………… 189
　　三、自主式教学模式的运用…………………………… 191
　　四、经验提炼…………………………………………… 194
第三节　基于学习中心的学习站教学模式……………… 199
　　一、模式解读…………………………………………… 199

二、学习站教学模式的运用 ……………………………… 200
　　三、学习站教学模式评析 ……………………………… 203
　第四节　师师合作教学模式 ……………………………… 206
　　一、模式解读 ……………………………………………… 206
　　二、师师合作教学模式的运用 ……………………………… 207
　　三、师师合作教学模式评析 ……………………………… 212
　第五节　项目化学习模式 ……………………………… 214
　　一、模式解读 ……………………………………………… 214
　　二、项目化学习模式的运用 ……………………………… 214
　　三、项目化学习模式评析 ……………………………… 245

第一章

儿童合作学习素养培育的研究

2016年9月，教育部发布中国学生发展核心素养研究成果。该成果以培养"全面发展的人"为核心，分为文化基础、自主发展、社会参与等三个方面，综合表现为人文底蕴、科学精神、学会学习、健康生活、责任担当、实践创新等六大素养。我们以培养全面发展的人为目标，通过儿童合作学习素养培育的研究，促进小学生核心素养的养成，为人的终身发展奠定基础。

第一节 研究概述

同里实验小学创办于1902年,著名爱国教育家金松岑创办的同川学堂和退思园第二代主人任传薪创办的丽则女校为学校前身。学校秉承"诚、勤、朴、爱"的百年校训,在"十二五"到"十三五"期间(2011—2020),以"合作学习"为核心开展课题研究(图1-1,图1-2),学校申报的江苏省教育科学"十二五"规划课题"从形式走向实质:小学生合作学习品质提升的研究"和江苏省教育科学"十三五"规划课题"儿童合作学习驿站构建的实践研究"均被江苏省教育科学规划领导小组办公室确认为江苏省教育规划重点自筹课题。围绕课题,学校从课堂实践和班级管理入手开展实践研究,并逐步延伸到课程开发和文化引领。特别是在"十三五"课题"儿童合作学习驿站构建的实践研究"的实践研究过程中,学校致力于开发校本资源,浸润优质文化,立足于现代教育背景,在传承中坚持,在弘扬中创新,并提出了学校的发展定位与目标。发展定位:传承百年老校优质文化,加强"合作学习"实践探索,创新工作思路,注重内涵发展,走特色发展之路;育人目标:以"做'诚勤朴爱,乐于合作'品质的现代人"的目标为导向,基于核心素养,培育

图1-1 英国伦敦大学学院彼得·布拉奇福德教授在同里实验小学观摩合作学习

图 1-2　英国伦敦大学学院彼得·布拉奇福德教授来校指导

善合作、乐创新的同川君和丽则卿。

历经近八年的实践探索，我们发现，合作的理念正慢慢地渗透到学校的每一片土壤，合作的文化正在滋生发芽，如：基于合作的主题式教科研活动，创建教师发展共同体；各学科课堂上学生合作学习技能初见雏形，合作学习行为日趋娴熟；班队活动中小组合作式管理初见成效；等等。基于此，我们将老师们的实践所得汇编成册，在总结经验的同时，在回顾中借鉴，在反思中展望，让合作学习的探索之路走得更稳、更准、更快。

当然，我们的所思所想、所作所为还只是在山脚下，但"九层之台，起于累土；千里之行，始于足下"，我们坚信，只要我们朝着既定的目标，脚踏实地，坚持不懈，就一定能从科研引领的学校发展"形式"走向优质学校的"实质"。

一、研究背景

21 世纪，在科技带来的经济一体化与专业分工精细化背景下，合作意识与合作能力成为人类生存和发展的重要品质。国际 21 世纪教育委员会向联合国教科文组织提交的报告《教育——财富蕴藏其中》，把"学会合作"看作面向 21 世纪的四大教育支柱之一。2001 年，教育部《基础教育课程改革纲要（试行）》指出，基础教育课程改革的具体目标之一是"改变课程实施过于强调接受学习、死记硬背、机械训练的现状，倡导学生主动参与"，要求运用自主、合作、探究的教学方式。新课改促使国内学者和教师关注课堂内外的合作学习，"合作学习"成为热点关键词。

二、研究综述

合作学习的源头可以追溯到人类纪元初期，两千多年前，我国古典教育名著《学记》中就有"独学而无友，则孤陋而寡闻"的表述。我国现代著名教育家陶行知在1932年曾提出"小先生制"的构想，并将其付诸实践。但从严格意义上来讲，我国合作学习的研究始于20世纪80年代，当时主要是介绍国外合作学习某个流派的观点和方法。在西方，早在公元1世纪，古罗马昆体良学派就指出学习可以从互教中受益。1798年，贝尔（A. Bell）和兰开斯特（J. Lancaster）在英国首倡采用合作学习团体方式进行教学，此为合作学习的萌芽阶段。1806年，小组合作学习的观念从英国传入美国，受到美国教育家帕克（F. W. Parker）、约翰·杜威（John Dewey）等人的推崇并被推广应用，最终于20世纪70年代初在美国形成了合作学习理论。

国内外学者对合作学习的研究积淀颇丰，其成果大致可归为以下几类。

（一）合作学习的概念与内涵

1. 国外学者的界定

美国的罗伯特·斯莱文（Robert Slavin）认为："合作学习是指使学生在小组中从事学习活动，并依据他们整个小组的成绩获取奖励认可的课堂教学技术。"[①] 约翰逊兄弟（D. W. Johnson & R. T. Johnson）认为"所谓的合作学习就是教学上运用小组，使学生共同活动，以最大限度促进他们自己以及他人的学习"[②]。内尔·戴维森（Neil Davidson）认为，合作学习的定义应包括以下七个要点：小组共同完成、讨论、解决难题；小组成员面对面的交流；在每组中的合作互助气氛；个人责任感；混合编组；直接教授合作技巧；有组织地相互依赖。[③]

2. 国内学者的界定

盛群力认为，所谓合作学习，指的是在传统课堂教学中，将学生按性别、能力、个性特点、家庭社会背景等混合编组，形成一个异质的学习团体，小组成员之间通过互助合作开展学习的活动。[④] 杨伊生认为："所谓合作学习，指的是一种互动性的学习方法。即以小组为学习单位，小组中的每个成员对一项

---

① 郭传省. 小组合作学习的研究 [D]. 山东师范大学, 2003: 12.
② 李朝辉. 有效合作学习的策略研究 [D]. 东北师范大学, 2003: 4.
③ 李朝辉. 有效合作学习的策略研究 [D]. 东北师范大学, 2003: 5.
④ 盛群力. 小组互助合作学习革新评述（上）[J]. 外国教育资料, 1992 (02): 1-7.

总的学习任务的某些方面负责，最终使本组的每个成员均顺利完成学习任务。"① 学者王坦认为，合作学习应涉及以下五个层面：合作学习是以小组为主体进行的一种教学活动；合作学习是一种同伴之间的合作互动活动；合作学习是以各小组在达成目标过程中的总成绩为奖励依据的；合作学习是由教师分配学习任务和控制教学进程的；合作学习是一种目标导向的活动，是为了达成一定的教学目标而展开的。因此，他认为合作学习是以小组为基本的组织形式，系统利用教学中动态因素之间的互动，促进学生相互学习，以团体成绩为评价标准，共同达成教学目标的活动。②

（二）合作学习的理论基础

合作学习的理论基础主要有社会互赖理论、动机理论、发展理论、认知精制理论。

1. 社会互赖理论

约翰逊兄弟将社会互赖分为三种情况：积极的社会互赖、消极的社会互赖、没有社会互赖。据此，约翰逊兄弟明确指出，课堂中存在着合作、竞争与个人单干这三种目标结构，并由此构成三种不同的教学情境。以合作目标结构为例，在此结构下，个人目标与群体目标是一致的，个人目标的实现取决于群体其他成员目标的实现，个人目标的实现与群体的合作相联系。在合作学习中，积极互赖关系将学生紧密联系在一起，只有当全组成员都成功时，个人才能成功，全组成员必须懂得他们要共同沉浮。

2. 动机理论

动机理论主要研究学生活动的奖励或目标结构。道奇（M. Deutsch）曾界定了三种目标结构：合作性结构、竞争性结构和个体性结构。从动机主义者的观点来看，合作性目标结构创设了一种只有通过小组成功，小组成员才能达到个人目标的情景。要达成个人的目标，小组成员必须帮助小组同伴做任何有助于小组成功的事情，而且必须鼓励小组同伴尽最大努力。③

3. 发展理论

发展理论的基本假定是：儿童围绕适宜的任务所进行的合作能促进其对重要概念的掌握，儿童的认知发展和社会性发展是通过同伴的相互作用和交往发展起来的。

维果茨基（Л. C. Lev Vygotsky）提出了"最近发展区"的概念，并将之界

---

① 杨伊生. 合作学习与儿童类比推理能力的发展 [J]. 前沿，1997（10）：51.
② 王坦. 合作学习：一种值得借鉴的教学理论 [J]. 普教研究，1994（01）：62-64.
③ 罗伯特·E. 斯莱文. 合作学习与学生成绩：六种理论观点 [J]. 王红宇，译. 外国教育资料，1993（01）：63-67.

定为"实际发展水平"和"潜在发展水平"之间的距离。维果茨基指出:"教学的最重要特征便是教学创造着最近发展区这一事实,也就是教学引起与推动儿童一系列内部的发展过程,这些内部的发展过程现在对儿童来说只有在与周围人的相互关系以及与同伴们的共同活动的范围内才是可能的。"① 在维果茨基看来,儿童间的合作活动之所以能够促进其成长,是因为年龄相近的儿童可能在彼此的最近发展区内有操作,表现出较单独时更高级的行为。

4. 认知精制理论

认知心理学的研究证明,如果要使信息保留在记忆中,并与记忆中已有的信息相联系,学习者必须对材料进行某种形式的认知重组或精制。美国威斯康星大学的莱文(J. R. Levin)将"精制"定义为:"学习中的精制是使人们更好地记住正在学习的东西而做的充实意义的添加、构建,或者生发。"② 精制最有效的方式之一就是向他人解释材料。诺思里·韦伯(N. Webb)研究发现,在合作活动中,受益最大的是那些给他人做详细解释工作的学生。

以上分别从社会心理学、动力心理学和认知心理学等角度介绍了合作学习的基本理论基础。以社会心理学为基础的合作学习强调团体的凝聚力,以动力心理学为主要基础的合作学习侧重激励作用,而以认知心理学为主要基础的合作学习则侧重内部发展与交往互动的关系。

(三)合作学习的类型

纵观国内外相关理论和实践研究,若按照合作对象,可以将合作学习归纳为以下三种类型。

1. 师生互动型

师生互动型合作学习主要以苏联的合作教育学为代表,其代表人物是阿莫纳什维利(Amonanshwilly)、沙塔洛夫(Satanlovy)等。合作教育学以尊重学生个性、深刻体现人道主义为宗旨,要求师生之间建立相互尊重、相互信任的合作关系。

2. 师师互动型

师师互动型合作学习主要的代表是合作授课的理论和实践,它兴起于20世纪80年代末的美国,主要解决的是教学过程中教师之间缺乏交流、各自封闭的问题。它主张两名或者多名教师在课堂上协作共同授课。我国学者对师师互动型合作学习的论述更加生动形象:教师与教师之间的这种差异是一种宝贵的教学资源,教师之间可以相互启发、相互补充,实现思维、科研、智慧的碰

---

① [苏] Л. C. 维果茨基. 学龄期的教学与智力发展问题 [J]. 龚浩然,译. 教育研究,1983 (06): 75-76.

② 王坦. 合作学习的理论基础简析 [J]. 课程·教材·教法,2005,25 (01): 34.

撞，从而产生新的思想，使原有的观念更加完善和科学。

3. 生生互动型

以生生互动为特征的合作学习，主要以欧美的一系列合作学习方法和策略为代表，这种合作学习是当前世界合作学习研究的主流。它主要兴起于20世纪70年代的美国，由于合作效果显著，很快在欧美广泛流行。它的主要代表人物是美国的罗伯特·斯莱文、约翰逊兄弟，以及以色列的谢伦（H. Thelen）。合作学习主张以生生互动为出发点，构建以生生互动为主的课堂教学结构，整合课堂讲授和小组合作学习，从而达到促进学生个体与群体协调发展的目的。

（四）合作学习驿站的理解和认识

1. 对合作学习驿站的理解

"合作学习驿站"这一概念是同里实验小学在江苏省教育科学"十二五"规划课题"从形式走向实质：小学生合作学习品质提升的研究"（以下简作"十二五"课题）基础上构想的，它的雏形是合作课堂教学模式之一——学习站模式。学习站模式的核心观点是聚焦提升学生的自主合作意识和认知策略能力，为学生提供学习内容和学习方式的选择权，创造个体学习和小组学习的开放性空间。

驿站，原指古代专供传递官府文书和军事情报的人或来往官员途中食宿、换马、休息的场所。从教育的角度来看，"合作学习驿站"是一个隐喻，它是一个赋予了教育意义的特殊的学习空间，是对原有学习站内涵的丰富和拓展。

我们将儿童作为合作学习驿站的主人，试图从物理空间和心理空间打破原有学习站的局限性，通过空间的打造，为不同的合作学习内容、不同的合作学习方式、不同层次的学生提供"能量"。

2. 研究合作学习的意义

历经很多年，合作学习研究已经取得了一些成果，但随着科技带来的经济一体化，社会飞速发展，教育理念更新迭代，合作学习的研究也在不断地丰富和完善。

国际21世纪教育委员会在向联合国教科文组织提交的报告《教育——财富蕴藏其中》中指出：面向21世纪教育的四大支柱就是要"学会认知""学会做事""学会共同生活""学会生存"，而"学会合作"是其题中应有之义。

在2016年9月发布的《中国学生发展核心素养》中，"学会学习"被列为中国学生的六大素养之一，而"学会学习"就包括了"学会合作""自主学习"的能力。

2021年，经济合作与发展组织发布的《OECD学习框架2030》强调不同学科间的交义和互动，鼓励突破课程间的学科界限，倡导开展跨学科学习。

2017年9月，中共中央办公厅、国务院办公厅发布的《关于深化教育体制机制改革的意见》明确提出要强化四种关键能力的培养，其中就包括合作能力的培养。教育部原部长陈宝生也曾提出要掀起"课堂革命"，要始终坚持以学习者为中心，为不同层次、不同类型的受教育者提供个性化、多样化、高质量的教育服务，促进学习者主动学习、释放潜能、全面发展。这就是要求我们以人为本，以生为本，以学为本。

就我们开展的课题研究而言，我们在"十二五"课题基础上进行的新的课题研究，是对原有合作学习研究的深化。在"十二五"课题对小学生合作学习品质提升研究的过程中，我们发现合作学习品质的提升需要一个情境空间。在"十二五"课题中，我们重点研究的是合作学习的教学策略，现在我们要把关注的对象从教师的"教"转向学生的"学"，研究在这个合作空间中学生如何自主学习。此外，新的课题研究的是合作学习驿站的建设，但是驿站建设并非最终目的，合作学习真实地发生，合作学习能力的培养、合作学习素养的培育才是真正的目的，因此合作学习的相关理论是本课题的重要理论依据，能更好地帮助我们把握课题核心。

3. 对合作学习驿站的认识

目前国内外对合作学习驿站的研究几乎为零，"合作学习驿站"是一个全新而又独创的概念，但它不是凭空而生的，是同里实验小学基于原有的合作学习研究提出的，是对原有合作学习研究的反思与沉淀，是在原有研究基础上的构想与创造。

我们从学习空间和空间环境两个方面进行理解，合作学习驿站是一个具有时空优势的特殊空间，是一个具有物理空间和心理空间的特殊的学习场所。在这个场所，学生与学生之间，教师与学生之间，教师与教师之间是积极互动、协同共享的关系。合作学习驿站的构建以培养学生的合作学习素养为目的，基于小组合作学习的任务站，以小组共同目标为导向，明确人员分工，异质互补，让学生向更高目标进阶。合作学习驿站是关注学生学习经历、让学习真实发生的体验站，它给学生提供"能量补给"，使学生通过知识的学习、资源的融合、方法的支持，学会学习，经历发现的过程；合作学习驿站是以同伴交往为指向，支持并共享学习成功的分享站，它营造了一个平等和谐的合作学习氛围，学生在驿站可以自由表达、愉快交流，获得积极的心理体验，形成良好的人际关系。我们是用合作学习驿站这个载体，深化学生合作学习态度、合作学习能力和合作学习行为的研究，在提升学生合作素养的同时培育其核心素养。

4. 对构建与实践的理解

合作学习驿站的构建是一个从无到有的过程，我们需要厘清合作学习驿站的构成要素及各要素之间的关系，以及各要素如何发挥其作用。我们需要探索合作学习驿站的有效运作机制和运行策略，以此保障实践的有序性、有效性、合理性。合作学习驿站的构建始于构想，构建是实践的物质基础，是研究的前提。反过来，实践又验证合作学习驿站的构建，反思合作学习驿站的运行机制是否能保障研究的正常开展，总结合作学习驿站的构成要素对学生合作学习素养发展的影响，从而不断完善合作学习驿站的构建。可以说，构建和实践两者是相辅相成的。

第二节　调查报告

完成理论学习之后，我们对师生分别进行了以"学习方式与学习空间"为主题的问卷调查。基于调查研究数据所反映的学生学习需求，我们确定了课题研究的起点。

一、资料与方法

（一）问卷设计

《关于同里实验小学学生学习方式与学习空间的调查问卷》的设计主要涵盖了以下三个方面的内容。

1. 合作学习观

主要包括目前学生参与合作学习的频率、方式，以及学生对合作学习的认识和态度。

2. 学习环境

主要包括学生参与合作学习所需学具和设备现状；学生对合作学习环境的需求，包括对座位编排形式的偏好、对学习资源的需求等。

3. 课程整合

主要包括学生对多学科课程整合的态度和设想。

（二）调查对象

抽样调查的对象为江苏省苏州市同里实验小学3~6年级的学生。

二、结果

（一）调查覆盖范围

本次问卷调查共发放问卷113份，回收113份，有效问卷113份。调查覆盖了同里实验小学的3~6年级学生，以随机的方式从三个年级中各选一个班发放问卷，由各班老师负责问卷的发放和回收。

（二）调查结果呈现

1. 合作学习观部分

（1）你上课的时候合作学习机会多吗？

表 1-1 合作学习频率调查统计表

频率	回答人数（共 111 人）	百分比
经常	64 人	57.66%
偶尔	43 人	38.74%
从不	4 人	3.60%

从本题的调查统计数据可以看出，绝大部分学生在课堂上都有机会参与合作学习，但只有 57.66% 的学生经常参与合作学习（表 1-1，图 1-3）。调查数据一方面反映了部分教师有培养学生合作学习能力的意识，另一方面也反映了课程标准要求的合作学习还没有成为教学组织的一种常态。

（2）你在哪些课上会运用合作学习？（可多选）

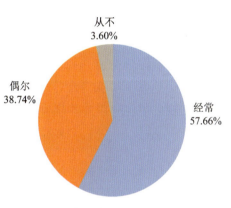

图 1-3 合作学习频率调查统计图

从本题的调查统计数据可以看出，几乎所有学科的课堂都进行过合作学习，英语课上合作学习的频率最高，其后分别是科学、语文、数学、美术、体育、音乐。（表 1-2，图 1-4）

表 1-2 合作学习运用情况调查统计表

课程	回答人数（共 113 人）	百分比
语文	69 人	61.06%
数学	63 人	55.75%
英语	84 人	74.34%
科学	77 人	68.14%
美术	35 人	30.97%
音乐	8 人	7.08%
体育	20 人	17.70%
其他	6 人	5.31%

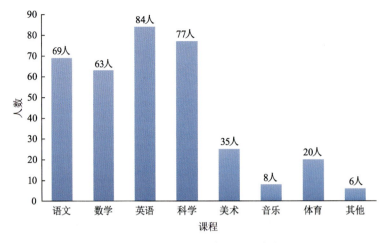

图 1-4　合作学习运用情况调查统计图

（3）你一般在哪里进行合作学习？（可多选）

从本题的调查统计数据可以看出，大部分的合作学习都是在常规教室中发生的，有少部分在合作探究室、多功能教室、专用教室和操场进行（表1-3、图1-5）。这表明本次对合作学习环境的研究不仅对专用教室有意义，对普通教室的常规课程也有重要的指导意义。

表 1-3　合作学习场所调查统计表

场所	回答人数（共 103 人）	百分比
教室	79 人	69.91%
合作探究室	12 人	10.62%
多功能教室	6 人	5.31%
专用教室	4 人	3.54%
操场	2 人	1.77%
其他	0 人	0.00%

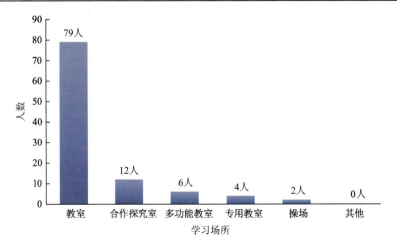

图 1-5　合作学习场所调查统计图

(4) 你觉得合作学习在哪方面对自己帮助比较大?

表1-4 合作学习认同度调查统计表

选项	回答人数（共102人）	百分比
老师示范很清晰	46人	45.10%
同学指导更明确	32人	31.37%
自己体验有成就感	22人	21.57%
没有帮助	2人	1.96%

本题的调查结果表明，学生对合作学习的认同度很高，达到了98.04%，这也充分表明了开展合作学习的必要性。但"自己体验有成就感"的比例偏低，只占到21.57%，表明合作学习的组织还不够完善。（表1-4，图1-6）

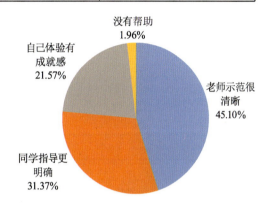

图1-6 合作学习认同度调查统计图

小结：这一部分的调查结果显示，部分教师组织合作学习的意识并不强烈；学生对合作学习的认同度很高，但只有少部分学生在合作学习中体验到成就感。

2. 学习环境部分

(1) 你们的合作学习一般通过什么形式开展?

表1-5 合作学习形式调查统计表

选项	回答人数（共113人）	百分比
2人合作	22人	19.47%
4人合作	29人	25.66%
6人合作	57人	50.44%
其他	5人	4.42%

在合作学习小组的人数组成方面，6人小组大约占到了50%，是教师选择最多的合作学习组织形式。也有部分教师采用2人合作或4人合作的方式。（表1-5，图1-7）

(2) 你喜欢什么样的座位方式?

在被问及"你喜欢什么样的座位方式"时，有一半的学生选择了"2人同桌"，22人选择了"4人围坐"，18人选择了"6人合坐"。值得注意的是，在前三个选项中，教师最经常采用的合作学习组织方式是6人合作，但6人合作需要的座位编排方式——6人合坐却是学生最少喜欢的座位编排方式。其原因不外乎是6人合坐时，学生行动不便，至少有三分之二的学生需要经常转动身体，以面对老师或小组同伴。（表1-6，图1-8）

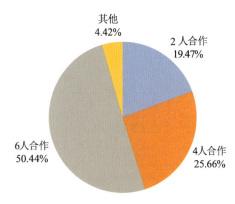

图1-7　合作学习形式调查统计图

表1-6　合作学习座位方式调查统计表

选项	回答人数（共108人）	百分比
2人同桌	54人	50.00%
4人围坐	22人	20.37%
6人合坐	18人	16.67%
其他	14人	12.96%

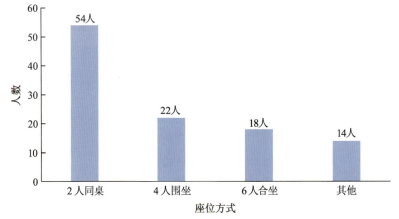

图1-8　合作学习座位方式调查统计图

（3）合作学习一般在什么时间进行？（可多选）

从本题的回答情况来看，进行合作学习的时间不仅仅限于课上，还延伸到课前和课后。（表1-7，图1-9）

表1-7　合作学习活动时间调查统计表

选项	回答人数（共113人）	百分比
课前	14人	12.39%
课上	97人	85.84%
课后	35人	30.97%

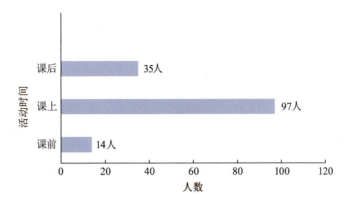

图 1-9　合作学习活动时间调查统计图

(4) 平时课堂中，合作学习需要用到哪些学具？（可多选）

本题为多选题，大部分的合作学习都需要"学习单"和"电脑投影仪"，也需要"绘画材料"和"器乐设备"。（表 1-8，图 1-10）

表 1-8　合作学习学具调查统计表

选项	回答人数（共 113 人）	百分比
学习单	81 人	71.68%
电脑投影仪	79 人	69.91%
绘画材料	63 人	55.75%
器乐设备	67 人	59.29%
其他	8 人	7.08%

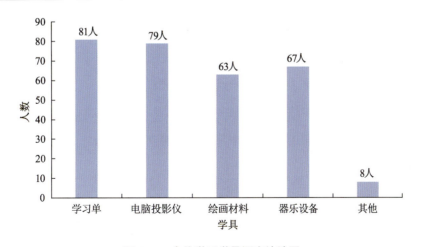

图 1-10　合作学习学具调查统计图

(5) 你希望合作环境提供什么学习资源？（可多选）

在被问及"你希望合作环境提供什么学习资源"时，有将近一半的学生选择了台式电脑或平板电脑，41.59%的学生选择了电视，部分学生选择了图书角、小舞台、沙发及其他。（表1-9，图1-11）统计数据表明，学生对智能化学习设备的期望值较高，并且希望教室中能开放特定区域，以实现某种特定功能。

表1-9　合作学习学习资源调查统计表

选项	回答人数（共113人）	百分比
台式电脑或平板电脑	56人	49.56%
电视	47人	41.59%
沙发	10人	8.85%
图书角	30人	26.55%
小舞台	27人	23.89%
其他	1人	0.88%

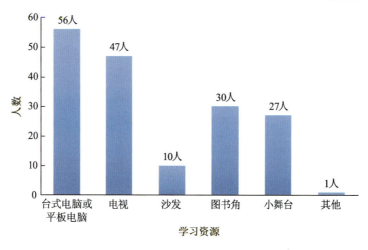

图1-11　合作学习学习资源调查统计图

（6）你觉得合作学习的时间充裕吗？

表1-10　合作学习时长评价调查统计表

选项	回答人数（共113人）	百分比
充裕	69人	61.06%
时间很紧张	28人	24.78%
每次都来不及完成任务	7人	6.19%
不确定	9人	7.96%

在本题中，61.06%的学生选择了"充裕"一项，其他学生则觉得"时间很紧张"、"每次都来不及完成任务"或"不确定"（表1-10，图1-12）。合作学习的时间过长会影响教学进度，时间过短又不能保证所有的小组都能完成学习任务，教师很容易陷入两难的境地。"时间很紧张""每次都来不及完成任务"的原因可能有以下几个方面：组内分工不清晰；合作学习规则不明确；组内学生学习能力水平整体偏低；组内学生彼此之间的认同度低、互赖程度低等。

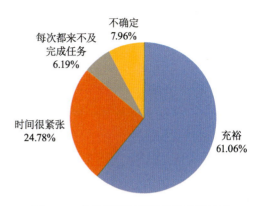

图 1-12　合作学习时长评价调查统计图

（7）你喜欢什么样的合作方式？（可多选）

在本题中，"小组长主持，其他人听从安排"得到了学生的偏爱，选择这一项的人数最多，占比达到了63.72%，表明了小组分工、明确规则的必要性。此外，还有42.48%的学生表示希望能够进行跨组合作、组间合作。（表1-11，图1-13）

表 1-11　合作学习合作方式调查统计表

选项	回答人数（共113人）	百分比
小组长主持，其他人听从安排	72人	63.72%
组内成员随机发言，每个人的发言都没有限制性要求	26人	23.00%
可以跨组合作，与不同人合作	48人	42.48%
老师根据任务安排小组合作方式	30人	26.55%

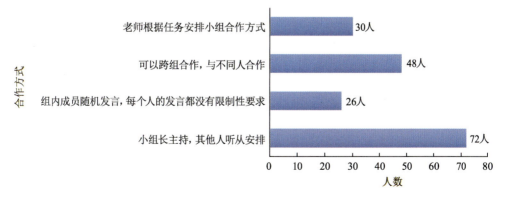

图 1-13　合作学习合作方式调查统计图

（8）你理想中的教室是怎样的？请举例说明。（如教室环境、学习用品、人际关系等）

学生的回答收集如下：

① 现有教室。

② 干净整洁的教室。

③ 设备齐全。

④ 有简单的学习用品。

⑤ 有图书角。

⑥ 灯光明亮。

⑦ 人际交往和谐，氛围好。

⑧ 6人合坐。

⑨ 有电脑投影仪。

⑩ 提供学习单。

⑪ 全是关系好的同学在一起学习。

⑫ 拥有一位讲解能力强的老师。

⑬ 有绿植。

⑭ 有电脑。

⑮ 有私人柜子。

⑯ 环境都可以，得有一颗想读书的心。

⑰ 所有人都是平等的。

⑱ 有最好的朋友和最喜欢的老师。

⑲ 一人有一台台式电脑或平板电脑。

⑳ 有大书桌。

㉑ 有空调。

㉒ 有塑料板、展示板。

㉓ 有活动区域。

㉔ 有靠背的座椅。

㉕ 有储物篮。

㉖ 有自由的座位。

㉗ 可自己选座位。

㉘ 有学习用品。

㉙ 欢乐的。

㉚ 有沙发。

根据学生的回答情况，我们绘制了合作学习环境需求调查表（表1-12）。

表 1-12 合作学习环境需求调查表

类型		需求
物理环境	学习用具类	简单的学习用品、塑料板、学习单
	基础设施类	私人柜子、大书桌、空调、有靠背的座椅、储物篮、自由的座位、沙发、展示板
	智能设备类	电脑投影仪、台式电脑、平板电脑
	功能区域类	图书角、活动区域
	背景因素类	干净整洁、灯光明亮
	装饰用品类	绿植
心理环境	人际环境	人际和谐、与小组同伴关系好、最喜欢的老师
	情感环境	欢乐的、自由的、平等的

从本题的回答情况可知，学生不仅关注教室的物理环境，希望教室干净明亮、设施齐全，还关注教室的心理环境，希望教室里人际关系和谐、自由、平等、欢乐。这启示我们在改造教室物理环境的同时，也要关注到物理环境的改变可能带来的心理环境的改变，并且主动创设良好的心理环境。

小结：从本部分调查数据可知，目前的教室环境存在一些问题，比如说6人合坐时的不方便等。学生也对教室环境提出了更高的要求，比如说课桌椅的升级，以及平板电脑的引入、和谐的人际关系的构建等。

3. 课程整合部分

（1）如果有可能，两位或多位老师一起给你们上一节课，你最希望哪几个学科的老师一起上课？为什么？

学生的回答收集如下：

① 语文、数学、英语，因为是主科，与学生关系最紧密，是学生最喜欢的科目。

② 语文和英语，因为可以获取更多知识，有趣。

③ 所有学科的老师，因为可以让所有老师明白合作的重要性/减轻老师的负担。

④ 数学和计算机，因为需要动脑，适合合作。

⑤ 英语、体育和综合实践，因为可以拥有更综合的能力。

⑥ 数学和英语，因为可以同时获得更多知识。

⑦ 语文、科学和美术，因为可以提升综合能力。

⑧ 语文、数学和科学，因为喜欢这几位老师。

⑨ 数学和体育，数学规律可以运用在体育运动中。

⑩ 数学、美术和科学，数学规律可以运用在科学和美术画图中。

⑪ 不希望合作，几个老师一起会乱。
⑫ 数学和科学，因为这两门课的老师会让我们合作/最喜欢这两门课。
⑬ 语文、数学、英语和科学，因为这四门课都很重要。
⑭ 美术和音乐，因为可以放松身体和心灵。
⑮ 体育和美术，因为可以让人放松。
⑯ 语文和计算机，可以在语文课上及时查资料。
⑰ 多位老师合作，可以减轻老师负担，提高效率。
⑱ 英语和体育。
⑲ 美术和科学，操作部分可以一起学。
⑳ 数学和美术，可以将数学规律运用到画画中。
㉑ 数学、英语和美术，劳逸结合，有趣，不枯燥。
㉒ 语文和数学，因为喜欢这两门课。
㉓ 科学和综合实践，因为有趣。
㉔ 科学和语文。
㉕ 语文、数学、美术和综合实践，这样的课更有趣。
㉖ 音乐和体育，因为在音乐中运动是件美妙的事。
㉗ 语文、计算机和音乐。
㉘ 美术、计算机和体育，最喜欢这些科目。
㉙ 语文和音乐。
㉚ 英语和美术，因为可以一起制作英语绘本。
㉛ 语文和综合实践，这两门课可以相互补充。
㉜ 美术和综合实践。
㉝ 两位科学课老师一起，因为可以互相补充和纠正。
㉞ 数学和综合实践，老师既幽默又温柔。

根据学生的回答，我们绘制了合作学习课程整合调查表（表1-13）。

表1-13 合作学习课程整合调查表

整合科目	原因/内容
语文+数学+英语	因为是主科，与学生关系最紧密，是学生最喜欢的科目
语文+英语	因为可以获取更多知识，有趣
语文+科学+美术	因为可以提升综合能力
语文+数学+科学	因为喜欢这几位老师
语文+数学+英语+科学	因为这四门课都很重要
语文+计算机	可以在语文课上及时查资料

续表

整合科目	原因/内容
语文+数学	因为喜欢这两门课
语文+科学	无
语文+数学+美术+综合实践	这样的课更有趣
语文+计算机+音乐	无
语文+音乐	无
语文+综合实践	这两门课可以相互补充
数学+计算机	因为需要动脑，适合合作
数学+英语	因为可以同时获得更多知识
数学+体育	数学规律可以运用在体育运动中
数学+美术+科学	数学规律可以运用在科学和美术画图中
数学+科学	因为这两门课的老师会让我们合作/最喜欢这两门课
数学+美术	可以将数学规律运用到画画中
数学+英语+美术	劳逸结合，有趣，不枯燥
数学+综合实践	老师既幽默又温柔
英语+体育+综合实践	因为可以拥有更综合的能力
英语+体育	无
英语+美术	因为可以一起制作英语绘本
美术+音乐	因为可以放松身体和心灵
体育+美术	因为可以让人放松
美术+科学	操作部分可以一起学
美术+计算机+体育	最喜欢这些科目
美术+综合实践	无
科学+综合实践	因为有趣
科学+科学	因为可以互相补充和纠正
音乐+体育	因为在音乐中运动是件美妙的事
所有学科/多位老师一起	因为可以让所有老师明白合作的重要性/减轻老师的负担
不希望合作	因为几个老师一起上课会乱

从本题的回答情况可以看出，学生对跨学科的学习方式很感兴趣，并且能够对此做出一些很好的设想，这些设想涉及所有科目，其中不乏既有趣又可操作的点子，这些点子为我们后续的研究工作提供了一些思路。

三、讨论

（一）师生对合作学习的认识和态度

1. 合作学习现状概览

目前，同里实验小学的合作学习多发生在普通教室内，只有少部分发生在多功能教室、专用教室和操场等特殊场合。在语文、数学、英语、科学、美术课堂上，教师最有可能鼓励学生采用合作学习的学习方式。教师多采用6人合作的形式组织合作学习，合作学习不局限于课堂上，还延伸到了课前和课后。在合作学习中，通常需要用到学习单、电脑投影仪、绘画材料和器乐设备。学生最喜欢有小组长主持的合作学习，比较喜欢跨组合作。但关于合作学习的时间安排不够合理，有部分学生认为时间很紧张甚至不够。学生对合作学习的认同度较高，绝大多数学生认为合作学习对自己的学习有帮助。

2. 师生的合作学习观

其一，教师层面。从调查问卷中学生对选择题"你上课的时候合作学习机会多吗？"的反馈情况可以看出，有57.66%的学生选择了"经常"参与合作学习，有38.74%的学生选择了"偶尔"参与合作学习，还有3.60%的学生选择了"从不"参与合作学习。这些数据表明，部分教师组织学生进行合作学习的意识并不强烈。

其二，学生层面。在"你觉得合作学习在哪方面对自己帮助比较大？"一题中，有98.04%的学生认为合作学习对自己的学习有帮助，有1.96%的学生认为合作学习对自己的学习没有帮助。虽然学生对合作学习的认同度很高，但选择"自己体验有成就感"的学生只有21.57%，还不到参加调研学生总数的四分之一。这警示我们要反思合作学习的内涵、意义和价值，要让学生在合作学习中体验成功感、体验解决问题的乐趣，从而产生对合作学习的信任和动机。

（二）学生对学习环境的需求

关于学生对合作学习环境的需求，我们主要从物理环境和心理环境两个方面进行分析。

1. 物理环境需求

（1）时间环境。

一是教师组织学生进行合作学习的时间点。由学生对调查问卷中相关问题的回答情况我们可以知道，学生不仅会在课上参与合作学习，在课前和课后也会参与合作学习。课前和课后合作学习要安排在组内全部成员一致的空闲时间，还要选择一个所有人都能进入的、方便进行合作学习的地点。也就是说，课前和课后的合作学习受时空制约的程度非常高。如何为学生创设一个能够突破时空限制的合作学习环境就是我们需要思考的问题。

二是学生需要的完成合作学习的时间。针对部分学生认为合作学习"时间很紧张""每次都来不及完成任务"的情况，教师要从小组人员、合作学习规则、组内分工、组员之间的积极互赖关系，以及教学活动的设计等方面进行调整和完善。一般而言，低年级的活动次数可以多一些，每次的时间短一些。小学高年级尤其到了中学，一节课以安排1~2次合作学习活动为宜，每次5~8分钟，甚至更长时间。①

（2）空间环境。

① 情境感知。

在"你理想中的教室是怎样的?"一题中，有学生希望教室"干净整洁""灯光明亮""有空调"等，这些回答涉及教室中的声音、光线、空气、温度等基本物理因素。环境心理学已经有不少研究表明，声音、光线、空气和温度等物理因素对人的情绪、人际交往、大脑活跃程度有很重要的影响。良好的声音、光线、空气和适宜的温度等物理条件能够促进学生的友好交往，活跃学生的思维。

② 环境管理。

一是座位、课桌椅的编排方面。由调查结果可以知道，教师最常采用的小组合作形式就是6人合作，但是，6人合坐却是最少学生喜欢的座位编排方式。6人合坐的座位编排方式的确比较有利于交流，如果保持现有的座位编排方式不变，我们就要在课桌椅设置的灵活程度和教学内容的多方位呈现方面多下功夫。此外，在"你喜欢什么样的合作方式?"一题中，有42.48%的学生希望跨组合作。这意味着教师在编排班级座位的时候不仅要考虑到组内成员座位的紧密性，还要考虑到小组间的距离是否允许学生灵活进行跨组交流。

二是教学设施方面。首先是基础设施方面，学生希望教室中有"简单的学习用品""绿植""私人柜子""大书桌""空调""塑料板、展示板""有靠背的座椅""储物篮""沙发"等。其次是智能设施方面，学生希望教室中有"电脑""电脑投影仪""一人一台台式电脑/平板电脑"。最后是功能区域方面，有学生希望教室中可以"有活动区域""有图书角"。

③ 教学内容呈现。

黑板或电子屏幕被固定在教室前方，造成了学生在"听老师讲"与"合作学习"之间转换的困难和不便。这也是学生不喜欢6人合坐的最主要原因。因此，照顾面向不同方位的学生的视听需求，是促进学生合作学习的重要方面。

④ 及时互动。

及时互动是合作学习的重要方面，互动的效果决定了合作学习的效果。学

---

① 郭应曾. 独立思考与合作学习：小学版 [M]. 南京：江苏凤凰科学技术出版社，2014：114.

生在教室中能否积极、快速地参与互动是衡量合作学习环境好坏的一个重要方面。在回答调查问卷中的"你喜欢什么样的合作方式？"一题时，有42.48%的学生选择了"可以跨组合作，与不同人合作"。除了在座位编排方面对跨组合作予以支持外，我们还可以通过外部设施的建设、教室功能区域的划分来对跨组合作给予支持。

⑤ 资源获取。

在回答调查问卷中的"你希望合作环境提供什么学习资源？"一题时，有将近一半的学生表示希望教室里可以有台式电脑或平板电脑，还有41.59%的学生希望合作环境中有电视。在回答开放题"你理想中的教室是怎样的？"时，有同学表示希望"有电脑""一人一台台式电脑或平板电脑"。在回答"如果可能，你希望哪些老师一起上课？为什么？"一题时，有学生表示希望语文和计算机一起上，因为这样"可以在语文课上及时查资料"，这表明学生对电子资源的需求较高，我们在改造合作学习环境的时候应该满足学生的资源需求。

2. 心理环境需求

在回答"你理想中的教室是怎样的？"一题时，有学生用"所有人都是平等的""人际交往和谐，氛围好""自由的""欢乐的"来描述自己理想中的教室。心理环境是无形的环境，对师生的心理活动和社会行为有着不可忽视的影响。合作学习涉及组员之间的人际交往，包括组员之间的互助、互赖与信任，是一种强调小组内部良好氛围、强调良好心理环境的学习方式。因此，我们在建设合作学习的物理环境的同时，也要注重其心理环境的建设。

(三) 课程整合

课程整合是使分化了的教学系统中的各要素及其各成分形成有机联系并成为整体的过程。课程整合的目的是使各学科相互协调，相互渗透，使教学系统发挥最大的效益。① 如何有效地建立起各学科之间的有机联系，拓宽学生解决问题的视野，发展学生的能力，是我们后续的研究要重点关注的。

四、建议

(一) 培养师生教与学的合作学习观

课程标准要求促进学生的学习方式向自主学习、合作学习、探究学习转变，以往的授课法已不能满足人才培养的标准和要求。合作学习的意义不仅仅是"教学方式上的标新立异"，它"蕴涵的是一种人生态度"，"是一种生

---

① 董诞黎，胡早娣，邵亦冰，等. 课程整合：课堂教学新变局 [M]. 杭州：浙江大学出版社，2012：78-79.

活方式"。①

教师方面，教师必须认识到合作学习的重要性和必要性，学习相应的理念、策略和方法，转变教师角色，成为良好学习氛围的创设者、合作学习课程和情境的设计者、学习资源的准备和提供者、合作学习实施过程的组织者、在旁的指导者、学生心理发展的观察者和学生的合作学习伙伴。②

学生方面，要让学生感受到合作学习的意义。斯莱文曾强调合作学习的三要素：小组奖励、个人责任、人人成功机会均等。教师通过组织有效的合作学习，让学生意识到自己是小组成功必不可少的一员，让学生体会到自己的价值在合作学习中得以实现，让学生体会到责任感和成就感，增强学生对合作学习的认同感，提高学生参与合作学习的积极性，提高其合作学习的技能。

（二）多方面入手组织合作学习

1. 建立有效的合作学习小组

有小组不一定就有合作学习，为提高合作学习的有效性，我们要做到以下两个方面。第一，异质分组。异质分组是合作学习的特质之一，通过异质分组建立合作小组，可以避免组间能力水平差异过大，保证完成合作任务所需时间的一致性，实现多层次的信息交流，使学生更有可能通过互助体验成功。第二，明确规则。小组在建立初期一定要明确合作学习的规则，比如倾听的规则、发言的规则、辩论的规则等，促使学生养成良好的合作学习的习惯。

2. 培养组内学生的积极互赖

黄政杰、林佩璇认为，建立小组学生积极互赖有以下6条途径：

一是设计小组队名，建立小组认同。

二是建立积极互赖的学习目标，比如要求每个学生都学会某一项内容。

三是建立积极互赖的报酬系统，比如当小组成功时每个人都能获得奖励。

四是建立积极互赖的角色，即明确组内成员分工。

五是建立积极互赖的资源，比如让组内所有成员使用共同的必要资源。

六是安排积极互赖的任务，把每个组员负责的任务作为其他组员完成任务的基础。

3. 积极评价，提供展示成果的时间或空间

学生通过合作学习获得的成就感可通过教师的评价和学习成果的展示得到确认与强化，因此，在小组合作学习结束后，一定要为学生提供展示成果的时间，并且给予相应的评价。但是由于教学时间有限，教师往往不能为所有的学

---

① 伍新春，管琳. 合作学习与课堂教学 [M]. 北京：人民教育出版社，2009：11-12.
② 伍新春，管琳. 合作学习与课堂教学 [M]. 北京：人民教育出版社，2009：224-233.

习小组提供机会，这时，可以通过成果展示空间来弥补。

（三）为学生创设良好的合作学习环境

"教学环境之于教学活动，就犹如空气、阳光之于一切生物的生命运动一样，是须臾不可或缺的。"① 人的行为发生在环境这一大背景中，有时候环境中的某些要素也会影响甚至改变人的行为，因此，为学生创设良好的合作学习环境能够促进其更有效地进行合作学习。

1. 物理环境

（1）关注声音、光线、空气、温度等基本因素。

人无时无刻不处在环境中，学生在校期间的大部分时间都是在教室中度过的。环境心理学领域有不少研究表明，声音、光线、空气、温度的变化会引起人的心理的变化，比如过于嘈杂的声音会导致人的注意力变窄、行为受限，温度过高则会引发人的攻击性行为，不利于营造良好的合作学习氛围。安静的教室（使用吸音材料）、适合学生的灯光、清爽干净的空气、冷暖可调节的温度，可以为学生创设一个良好的学习环境，优化学生的学习体验。

（2）完善教学设施，引入智能化设备。

教学过程是一个多渠道的信息流通过程，而"教学手段和教学设施还具有放大增强信息和扩展信息传递渠道的功能"②。也就是说，改善了设施环境，实际上就扩展了信息传递的渠道。

① 完善基础设施，满足学生学习需求。

首先，为每个小组提供必要的学习用具，比如包含铅笔、橡皮、卷笔刀、剪刀、胶水等学习用具的工具包或工具箱。其次，为每个小组提供可书写的塑料板，可以更方便各小组分享小组成果。再次，使用结构功能更为优化的课桌椅，比如有靠背、可灵活移动、可灵活组合的桌椅，既方便教师根据教学活动的设计或教学内容的需求灵活调整座位编排形式，也方便学生随时扭转身体面向教师或与其他小组分享成果。"课桌形制的变革最终将解放学生的身体、变革教室的空间布局和教学的形式。"③ 最后，提供计算机及使用权限，满足学生对学习资源的需求，支持教师组织学生进行探究性学习。

② 多方位安装交互性电子屏幕。

多方位安装交互性电子屏幕并配备相应的互动系统，可以实现多重功效。其一，多方位呈现教学内容；其二，作为小组合作学习的操作平台；其三，作为合作学习成果的展示平台；其四，实现组间的差异化教学。

---

① 田慧生. 教学环境论 [M]. 南昌：江西教育出版社，1996：49.
② 田慧生. 教学环境论 [M]. 南昌：江西教育出版社，1996：53.
③ 《现代教育论丛》编写组. 学习方式新思考 [M]. 上海：上海教育出版社，2016：43.

③ 引入平板电脑及相应的互动系统。

在"互联网+"时代，我们需要重新思考学生的学习方式，把传统和现代有机融合。引入平板电脑及相应的互动系统作为教与学的工具并有效利用，可以有效提高课堂教学效率，进行多样学习材料的呈现，实现多渠道的信息传输，改变学生的注意对象，缓解学生的注意疲劳，突破合作学习的时空局限，等等。

（3）设置益涂书写墙，实现书写、展示跨组合作成果。

益涂书写墙利用高分子纳米书写膜，使墙壁可以轻松涂写、擦除、粘贴。益涂书写墙不仅可以为合作学习提供小组合作的空间、改变小组合作的形式，还可以为小组提供学习成果的展示空间，使之成为跨组合作的一个平台。

（4）美化教室环境，发挥空间的美育功能。

"教学环境又作为学生日常学习活动中最普遍、最具体、最直接的审美对象对学生审美观的形成产生着特殊的影响。"① 教室的空间结构、课桌椅的编排方式、教室的装饰布置、教室内物品距离的比例及其色彩的选择等不仅要结合实际发挥功用，还要成为审美资源，这对于营造良好的合作学习氛围有着重要的意义。

2. 心理环境

良好的心理环境可以有效激发师生内在的情感和动机，促进小组内的交流、互助与合作。在优化物理环境的基础上，教师还应该营造民主、平等、自由的学习氛围，及时关注学生的心理状态，注重与学生的情感交流，培养组内成员之间的积极互赖，形成良好的合作学习心理环境。只有这样，学生的合作学习才能更有效地发生。

第三节　合作学习素养图谱

一、合作学习素养的核心概念及内涵

心理学界对合作学习素养鲜有论及，本书尝试对其概念和内涵予以界定。

（一）概念界定

综合心理学界对心理倾向、心理特征、学习品质，以及个体差异中直接影响

---

① 田慧生. 教学环境论［M］. 南昌：江西教育出版社，1996：131.

学习的因素的研究，我们认为，合作学习素养指学生在学习中形成的对合作学习的态度、自主合作学习的能力及行为表现。它直接影响学生的学习效率和学习效果。本书将探索学生尊重多元、平等参与、积极合作的精神，良好的合作学习态度和习惯，娴熟的合作学习技能和方法的养成途径。

（二）内涵界定

合作学习素养包含三个要素：合作学习态度、合作学习能力和合作学习行为（图1-13）。

图1-13 合作学习素养要素构成图

1. 合作学习态度

合作学习态度指学生对合作学习的评价和行为倾向，包括对合作学习的认识、参与合作学习的动机、合作学习过程中的情绪等。在学生合作学习素养中，判断是否具有合作学习态度的依据是爱不爱合作学习、喜欢不喜欢合作学习。

2. 合作学习能力

合作学习能力是学生顺利开展合作学习所必需的主观条件，包括合作学习技能和交流分享技能。在学生合作学习素养中，判断是否具有合作学习能力的依据是能不能顺利开展合作学习。

3. 合作学习行为

合作学习行为指学生在日常合作学习活动中的行动表现，包括合作学习的秩序、合作学习所运用的方法、合作学习所养成的行为习惯等。在学生合作学习素养中，判断是否具有合作行为要素的依据是会不会合作学习，有没有有序、适切的合作学习方法和习惯。

合作学习的态度、能力与行为三者相互作用和影响，促进合作学习素养的养成与发展。具体而言，三者的关系如图1-14所示。

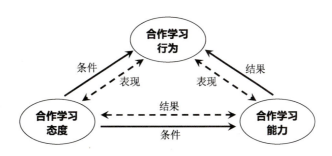

图 1-14　合作学习素养三要素关系图

态度是行为、能力的前提条件。合作学习态度是学生合作学习行为习惯养成、合作学习能力提升的条件，积极的态度对学生合作学习的行为具有推动作用。能力是行为、态度的结果。合作学习能力的提升受合作学习行为、合作学习态度的影响。行为是态度、能力的表现。合作学习的态度与能力如何，可以从学生日常的合作学习行为表现中获悉。因此，一般可通过对学生合作学习行为的考察来评判学生合作学习品质的高低。

二、合作学习素养的养成

合作学习态度、合作学习能力和合作学习行为是构成合作学习素养的关键要素，现将具体影响这三者发展的因素阐述如下。

（一）合作学习态度

合作学习态度包括学生对开展合作学习意义的认识、运用合作学习方式的动机，以及在合作学习的过程中体验到的情绪（图1-15）。其中，合作学习情绪又分为道德感——小组成员对自己的行为是否对其他成员产生影响、自身是否履行责任时的情感体验；理智感——学生认识和评价事物时所产生的情感体验。正确的认识、良好的动机、愉悦的情绪是形成积极的合作学习态度的基础。

图 1-15　合作学习态度的内涵

（二）合作学习行为

合作学习行为包括合作学习的秩序、方法和习惯（图1-16）。合作学习的秩序是指小组成员形成的对于学习目标和学习任务的共识，亦即小组成员之间既积极互赖，又明确各自对于小组的责任和需要完成的任务。合作学习的方法是指学生遵守小组合作学习的规则，掌握分工合作的技巧，如分享与接纳不同观点、协调人际关系、小组自审等。合理运用上述方法、规则和技巧且习

图 1-16　合作学习行为的构成

以为常，就成为合作学习的习惯。

（三）合作学习能力

图 1-17 影响合作学习能力的因素

学生的合作学习能力包括学习能力和分享能力（图 1-17）。学习能力主要表现为自主合作学习和交流分享成果，如小组合作学习任务与目标的制定、合作学习流程与计划的安排、对于异于自己的观点的接纳与分析、小组成员之间关系的协调、各自责任的履行、小组学习过程的自我监控等。分享能力是指学生在组内向小组成员，以及小组成员向全班同学分享自己的观点的能力，要求具有说服力。具体的交流分享行为有倾听、讨论、表达、综合、归纳、评价等。

第四节 研究历程

一、研究路径

本研究依托儿童合作学习驿站载体，探索小学生核心素养要素中合作学习素养培育的路径和方法。首先从文献研究开始，梳理与儿童合作学习、学习空间构建、项目化学习等相关的理论成果；接着进行"儿童合作学习驿站"的校本课程内容的设计，打造特殊学习空间；然后通过对学习单设计、合作学习与合作教学范式、学习站模式的研究，开展旨在提升学生合作学习素养的合作学习和合作教学；最后梳理研究成果，形成《儿童合作学习驿站案例集》《儿童合作学习素养培育的原理与实践》。

基于调查研究数据所反映的学生学习需求，我们提出了相应的实施建议，确定了研究的路径。

（一）实施建议

1. 培养师生教与学的合作学习观

课程标准要求促进学生的学习方式向自主学习、合作学习、探究学习转变，以往的授课法已不能满足人才培养的标准和要求。教师方面，教师必须认识到合作学习的重要性和必要性，学习相应的理念、策略和方法，转变教师角色；学生方面，要让学生感受到合作学习的意义。

2. 多方面入手组织合作学习

（1）建立有效的合作学习小组：第一，通过异质分组建立合作小组；第二，明确小组合作学习规则。

（2）培养组内学生的积极互赖。

（3）积极评价，提供展示成果的时间或空间。

3. 为学生创设良好的合作学习环境

关于这一点，本章第二节已有较为详细的论述，此处不再赘述。

（二）研究路径

在具体的研究过程中，我们从儿童学习和儿童生活入手，在合作学习品质研究的基础上，探索合作学习素养的构成要素，开启了三轨并举的创新实践（图1-18）。"三轨"即常规教室里的国家课程、特殊空间的校本课程、开放空间的潜在课程。在常规教室里，我们提炼了校本化实施国家课程的教学范式，如基于小组合作的新授课、复习课、小组值日清单等。在学校创建的与国际教育接轨的特殊空间——学习中心里，我们创设了校本课程"儿童合作学习驿站"教学范式，展开师师合作与生生合作融合的多元合作教学。此外，在开放空间里，还充分挖掘并利用百年老校积淀的校园文化资源，探索潜在课程的实施路径——开展项目化学习，如以"校园地图""雪耻亭""五月九日国耻纪念之碑"（以下简作"五九国耻纪念碑"）、"同川君和丽则卿"等为主题的小组合作探究活动，以及图书借阅、食堂用餐等的自主管理策略。构建儿童合作学习驿站并非本研究的最终目的，学习空间的扩展也只是背景，最终指向的是学生合作学习素养的培育。

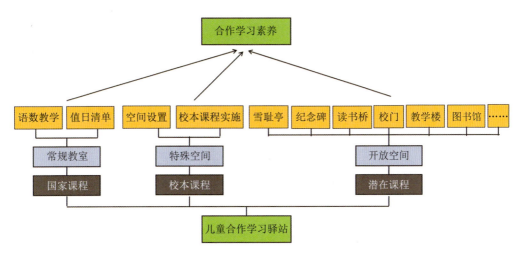

图1-18　研究路径

（三）研究时间轴

学校课题"儿童合作学习驿站构建的实践研究"立项以后，我们根据自身实际研究条件，依托华东师范大学雄厚的研究实力，于 2018 年 9 月与华东师范大学签订项目合作协议，让高校的教学理论和同里实验小学的教学实践紧密结合，从儿童学习和儿童生活入手，在合作学习品质研究的基础上，探索合作学习素养的构成要素，开启了"三轨"并举的创新实践。经过四年多的实践研究，形成了基于合作学习驿站的儿童合作学习素养养成的路径和方法（图 1-19）。

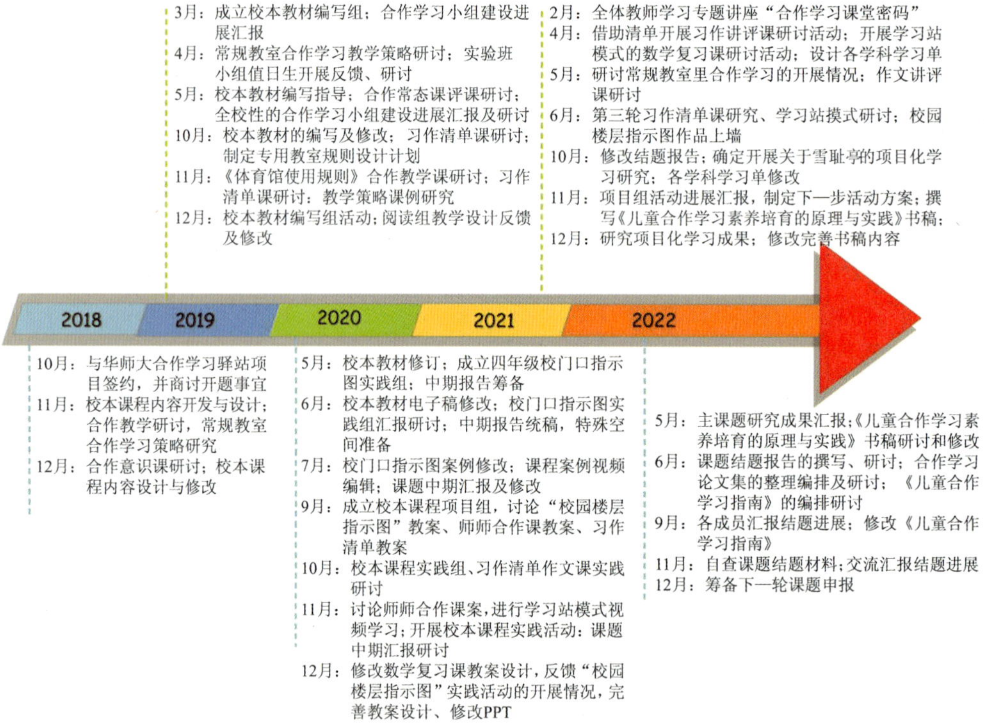

2019年：
- 3月：成立校本教材编写组；合作学习小组建设进展汇报
- 4月：常规教室合作学习教学策略研讨；实验班小组值日生开展反馈、研讨
- 5月：校本教材编写指导；合作常态课课课研讨；全校性的合作学习小组建设进展汇报及研讨
- 10月：校本教材的编写及修改；习作清单课研讨；制定专用教室规则设计计划
- 11月：《体育馆使用规则》合作教学课研讨；习作清单课研讨；教学策略课例研究
- 12月：校本教材编写组活动；阅读组教学设计反馈及修改

2021年：
- 2月：全体教师学习专题讲座"合作学习课堂密码"
- 4月：借助清单开展习作讲评课研讨活动；开展学习站模式的数学复习课研讨活动；设计各学科学习单
- 5月：研讨常规教室里合作学习的开展情况，作文讲评课研讨
- 6月：第三轮习作清单研究、学习站模式研讨；校园楼层指示图作品上墙
- 10月：修改结题报告，确定开展关于雪耻亭的项目化学习研究；各学科学习单修改
- 11月：项目组活动进展汇报，制定下一步活动方案；撰写《儿童合作学习素养培育的原理与实践》书稿
- 12月：研究项目化学习成果；修改完善书稿内容

2018年：
- 10月：与华师大合作学习驿站项目签约，并商讨开题事宜
- 11月：校本课程内容开发与设计；合作教学研讨，常规教室合作学习策略研究
- 12月：合作意识研讨；校本课程内容设计与修改

2020年：
- 5月：校本教材修订；成立四年级校门口指示图实践组；中期报告筹备
- 6月：校本教材电子稿修改；校门口指示图实践组汇报研讨；中期报告统稿；特殊空间准备
- 7月：校门口指示图案例修改；课程案例视频编辑；课题中期汇报及修改
- 9月：成立校本课程项目组，讨论"校园楼层指示图"教案、师师合作课教案、习作清单教案
- 10月：校本课程实践组、习作清单作文课实践研讨
- 11月：讨论师师合作课案，进行学习站模式视频学习；开展校本课程实践活动；课题中期汇报研讨
- 12月：修改数学复习课教案设计，反馈"校园楼层指示图"实践活动的开展情况，完善教案设计、修改PPT

2022年：
- 5月：主课题研究成果汇报；《儿童合作学习素养培育的原理与实践》书稿研讨和修改
- 6月：课题结题报告的撰写、研讨；合作学习论文集的整理编排及研讨；《儿童合作学习指南》的编排研讨
- 9月：各成员汇报结题进展；修改《儿童合作学习指南》
- 11月：自查课题结题材料；交流汇报结题进展
- 12月：筹备下一轮课题申报

图 1-19 课题研究重要纪事

二、实施过程

在课题的不断深入推进中，我们形成了校本课程"儿童合作学习驿站"，创建了特殊的学习空间，并在此空间中探索师师合作与生生合作融合的多元合作教学模式。

（一）生成"儿童合作学习驿站"校本课程

同里实验小学依据多元智能理论，科学认识学生之间的学习差异，融合跨学科整合的理念，运用自主、合作学习的策略，设计了合作学习驿站的校本课程。该课程分为四大板块："我爱我家""同里味道""文娱广场""悦读天地"。

"我爱我家"主要是通过小组合作进行空间探索和指示图与路线图的绘制，侧重发展学生的视觉空间智能和数理逻辑智能，促进学生探究能力和解决问题能力的提升，并体验合作学习的乐趣。所谓视觉空间智能，是指人对色彩、形状、空间位置的正确感受和表达能力，突出表现为对视觉世界有准确的感知，产生思维图像，有三维空间的思维能力，能辨别和感知空间物体之间的联系。

"同里味道"主要是通过小组合作进行同里美食的品尝和制作，侧重发展学生的动手能力和自然观察智能，促进学生劳动能力的提升，并使其体验合作学习的乐趣。所谓自然观察智能，指的是通过观察自然的各种形态对物体进行辨认和分类、能够洞察自然或人造系统的能力。

"文娱广场"主要是通过小组合作开展文体活动，侧重发展学生的音乐智能和身体运动智能，促进其创新能力的发展，并体验合作学习的乐趣。所谓身体运动智能，是指人的身体的协调、平衡能力，以及运动的力量、速度、灵活性等，具体表现为利用身体交流和解决问题，熟练地进行物体操作及其他活动的良好动作技能。

"悦读天地"主要是通过小组合作阅读，侧重发展学生的语言智能，促进其语言应用和理解能力的提升，并体验合作学习的乐趣。所谓语言智能是指人掌握和灵活运用语言的能力，表现为用词语思考，用语言和词语的多种不同方式来表达复杂的意义。

根据四大板块内容的广度与深度，我们要求每个年级进行设计规划和部署落实。

(二) 学习中心的设置

学习中心是一个实体空间，在这个空间里学习材料和组织教学都不需要教师始终在场和进行指导。学生可以通过和学习材料相互作用，和组内同学互动来开展学习活动。教师则根据学生的需求设计学习中心的活动。我们将一间大教室作为合作学习中心，来进行学习环境的重建，这间大教室被划分为教师教学区、学生合作学习区、资源区、展示区、制作角、荣耀角等6个学习中心区域。学生进入合作学习中心后，在组长的带领下，按照任务单的要求有序开展合作学习活动。教师在合作学习中心内巡视并给予各小组必要的帮助，对少数滞后的学生进行个别辅导。

1. 教师教学区

即以讲台为中心的教师授课区域，放有多媒体设备。配备时钟，方便教师掌控时间。放有教师移动白板，用于课堂板书。

2. 学生合作学习区

在教室中间地区，是学生合作学习的主要区域，有8组桌椅，学生围坐在一起进行学习，每个小组配备各自的学习工具。

3. 资源区

用于存放学习资料及学习用具的区域。

4. 展示区

展示学生个人学习作品的区域。

5. 制作角

提供学生制作成品所需的资料、工具，如装订机、剪刀、电脑、打印机等。

6. 荣耀角

课堂最佳小组用于休息及小组讨论的区域，位于教室靠墙一侧角落，配备地毯、豆袋、抱枕、跳棋、拼图、小玩具、小零食、读物等。

图 1-20 是学习中心平面示意图。

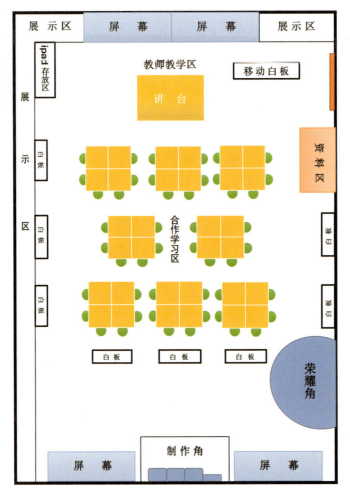

图 1-20　学习中心平面示意图

（三）师师合作教学

师师合作教学是指两个或者两个以上不同学科的老师同时进入课堂，共同参与课堂教学设计和对小组合作学习的指导与评估，从而达成教学目标的一种新的教学模式。师师合作教学打破了学科边界，聚焦学生的学习。在师师合作教学模式下，学生可以体会不同学科老师的知识优势，实现教学互补；教师可以同时进入不同合作学习小组开展学习指导。在准备及上课过程中，师师合作教学有不少有别于传统课堂教学的地方，具体如下。

1. 确定内容，制订学习目标

我们必须认识到，师师合作教学并不一定适用于每一门学科、每一项内容，只有在实际备课或教学过程中确实有些内容超出了教师的专业范围，需要其他更具专业性的教师参与时，才会开展师师合作教学。在备课时，参与师师合作教学的老师要共同商定上课内容，提前沟通好所要达成的教学目标。虽然师师合作教学的最后成品只是一份教案，但在设计时，绝对不是一位老师凭一己之力就能完成的。在备课过程中，参与的老师不应是独立的个体，而应从各自的教学目标出发，互相探讨，共同商量，合理设计教学流程，从而为学生的合作学习打好基础。

2. 明确分工，梳理上课环节

我们很容易走入这样的误区，认为专业的教学内容必须由相关的老师来完成，其实不然。在双师合作的课堂上，就学科属性而言，必然是有主有次，参与师师合作教学的老师的角色在执教时也有主次之分，这就意味着主要的老师在执教时需要承担更多的引导和调控的责任。在教案完成后，参与师师合作教学的老师需要重新梳理每个教学环节，分清主次，确定分工，充分挖掘出本课可以小组合作的教学内容，时刻注意培养学生的合作意识。

3. 互相配合，开展有效合作

合作教学的配合主要体现在两个方面，一是角色转换时的配合，二是讲授及指导时的配合。在角色转换时，我们主要通过语言的过渡衔接来达到角色转换的目的。恰当的过渡语，不仅能让整节课更加流畅自然，也能使学生更加明确哪个老师是此刻的引导者，接收合作指令也会更清楚。讲授及指导时的配合又分为两个方面：一方面，当一位老师讲授时，另一位老师自动化身为他的"小助手"，帮助其贴板贴、写板书，或是展示PPT等；另一方面，当参与师师合作教学的老师共同巡视小组合作情况时，要注意巡视的范围不能重合，宜一前一后、一左一右，顾及每个小组，为他们提供指导。这也是师师合作教学较传统课堂教学的优势所在——参与师师合作教学的老师能够从不同的角度观察学生合作学习的情况，从而更全面地分析小组合作成功与否的原因。

（四）多端切入与经验提炼

为了更好地培育学生的合作学习素养，同里实验小学做了很多的尝试与探索。除了借助学习单在常规教室开展各类合作学习活动外，还创设了学习中心，开展师师合作教学、学习站模式教学。此外，还充分利用学校资源，开展项目化学习，充分培育学生的合作学习素养。

1. 合作学习支架——学习单

合作学习作为一种学习方式，其核心是明确并履行个人职责、掌握合作技能。作为一种教学策略，其核心是选择合作学习的时机，设计并运用合作学习单，实施合作学习评价。

合作学习支架是开展合作学习时教师为学生提供的各种帮助性材料，这些材料可以是范例、问题、建议、指南/向导、表格、图表、解释、对话、合作等。合作学习支架能组织和帮助学生不偏离组内学习的目标，为他们引领正确的方向。合作学习支架有助于学生对于知识特别是隐性知识的体悟与理解，而学习单就是教师精心准备的一种合作学习支架。

为了让合作学习开展得有序、有效，有必要让学生明确合作学习的任务和要求、完成合作学习任务的方法、合作学习评价的标准等，这些都可以借助学习单呈现给学生。学习单必须体现三个要素——内容要素、程序要素、时间要素，除此之外，还可以适当增加评价的要求等，以便学生更好地对照要求，逐步展开合作学习活动。

学习单的设计综合反映了教师对教材的理解能力、对学生心理的认识程度和学科教学实践能力。学生在学习单的引领下有序地开展探究活动，完成学习任务，达成学习目标。

2. 图书角自主管理

"打开一本书，打开一个世界"，阅读能开启心灵、增长见识。阅读习惯与兴趣，是一个人成长与成功最为重要的组成部分。养成良好的阅读习惯不仅可以提高大脑的思维能力，还可以使记忆力得到锻炼和增强，是帮助孩子们养成良好学习习惯的"推进器"。

我们通过设置校园图书角，建立起一个随时随地可阅读的图书借阅平台，让孩子们能在课堂之外选择、阅读自己有兴趣的书，并逐步形成一个相互交流的合作阅读空间。这样不仅有利于营造校园阅读气氛，而且也有利于孩子们通过合作管理图书提升组织管理能力，达到自我教育、自我管理、有效合作的目的。

（1）职能分工和设置。

图书角实行少先队自主轮流管理制度，由各中队合作小组成员按天担任校园图书管理员，让学生在管理图书角的过程中逐步学会分工与协作，养成和提升团队意识。图书管理小组利用午自习前、放学后的课余时间整理图书角，使图书摆放整齐。

（2）运行机制与管理。

校园图书角的开放时间是学生在校期间的所有课余时间，要求学生自觉自由借阅，做到爱护图书，看完及时归还，少先队大队部负责自主管理，抽查结果与文明班级评比挂钩。

（3）奖励。

奖励制度体现管理与自主借阅的合作程度，对爱书的学生进行最佳惜书奖和读书之星评选，对热心图书角管理工作的志愿者给予一定的奖励。

3. 值日生清单管理法

值日生清单管理法是班主任老师将基于清单的管理策略运用于班级值日生管理工作的一种管理方法。值日生清单将值日岗位和值日要求以表单的形式呈现，明确提出每个值日岗位工作的具体目标和要求。

（1）值日生清单管理法的优势

值日生清单明确了值日岗位和值日要求，使值日学生目标明确，责任到人。这比传统意义上班主任给学生排一个值日生表，值日学生分工不明，只能听从组长随机安排，有了很大的改进。同时值日生清单又有评价机制的跟进，让学生既有了责任，又有了值日的热情，这样不仅提高了值日生的劳动效率，也促进了小组合作意识的提升。

（2）值日生清单的实施

① 值日生清单的设计。

可通过彩纸绘、彩印等对小组值日生清单进行设计和美化，制作出个性化的小组值日生清单，张贴在教室显眼的位置，以展现小组合作的教室文化，让学生时刻浸润在小组合作的氛围中，增强其小组值日的劳动意识，进而促进其合作能力的提升。

② 小组值日生安排。

遵循人人值日的岗位责任制，结合平时组成的合作学习小组，将班级学生整合分成 5 个小组，实行每组每周值日一天的值日制度。根据平时对每个学生劳动意识与能力的了解和观察，在组内对每个学生进行值日生任务分配，保证人人有事做，人人胜任。为了展现每个小组的特色，学校要求各小组讨论值日工作的内容与要求，最后确定值日生清单，并以小组为单位在教室里张贴。

③ 值日组长确认和培训。

组长的选择和培训尤其重要，组长不一定是成绩好的学生，但一定要有威信，必须具备比组内其他同学强的领导能力、协调能力、表达沟通能力与评价能力，还要有奉献精神和乐于助人的品质。后续的培训要及时跟上，组长虽然比组员能力强点，但毕竟还是孩子，很多方面还需要班主任的指导，所以组长的培训也很有必要。

④ 基于值日生清单的评价和激励。

值日生工作评价是为了检查小组基于清单的值日工作完成情况，发现问题，找出差距，明确方向，从而促进小组值日生工作的有效开展，培养学生的劳动意识与劳动能力。值日生工作评价要建立在公平、合理的基础上，而且还要制定一定的标准，可根据值日生清单，即小组值日岗位表来实施评价。小组与小组之间的竞争能促进小组成员间的团结，使每个学生的能量最大限度地发挥出来，从而促进学生素质的全面发展。

(3) 值日生清单管理的反思。

新课程标准积极倡导自主、合作、探究的学习方式，小组合作学习已成为提高教学效率的新策略，合作交流因此成为学生学习的重要方式，与之配套的小组合作班级管理模式也就应运而生。小组合作班级管理模式不仅被运用在学生的日常学习中，而且还涉及学生在校的方方面面。实践证明，基于小组合作的值日生清单管理法能有效提高值日的效率和质量，提高学生的合作意识和合作学习能力。

4. 合作学习教学模式

在常规教室里，同里实验小学校本化实施国家课程，开展基于小组合作的新授课和复习课教学模式探索。其中新授课以范例式教学模式和自主式教学模式为主，复习课多以学习站教学模式进行。

(1) 范例式教学模式。

范例式教学模式主要表现为：首先，教师在导入教学后，在范例教学环节全班新授知识，或者展示某种学习方法。然后，学生在小组合作学习中运用该知识或某种学习方法来完成学习任务。接着，再在教师的引导下进行交流反馈，学生交流学习收获。最后，师生总结，巩固所学的内容。在范例式教学模式下，教师的范例教学是最重要的标志性环节。范例式教学模式的教学程序一般包括导入、范例教学、合作学习、交流反馈、总结等5个步骤（图1-21）。

图1-21 范例式教学模式流程

（2）自主式教学模式。

自主式教学模式主要表现为：首先，教师导入教学后，学生就进入小组自主合作学习。然后，在教师的引导下进行交流反馈，学生交流学习收获。最后，师生总结，巩固所学的内容。在自主式教学模式下，合作学习环节在一节课中可以重复多次。自主式教学模式的教学程序一般包括导入、合作学习、交流反馈、总结等4个步骤（图1-22）。

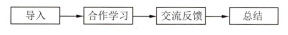

图1-22　自主式教学模式流程

范例式教学模式与自主式教学模式的差异主要表现在：学生合作学习之前是否有教师的学习示范——范例教学环节。若教学目标要求学生生成新的陈述性知识或程序性知识，教师一般可采用范例式教学模式，通过范例教学环节完成知识的新授。若教学目标只是要求学生运用已有的知识探究新的内容，或新授的知识较浅，学生可以自学，则可采用自主式教学模式。

（3）学习站教学模式。

学习中心是一个经过功能性、社会性处理的三维物质环境，它是一个优化的学习空间，其精髓就是构建学习空间与学生学习及教学活动的亲和性，在有限的时空中更有效地组织教学活动。这一空间的创设旨在从学习的视域——学生多元智能的差异、为每个学生提供适切的学习机会、提高全班学生的学习参与率，让每个学生体验学习成功的乐趣。这个物质环境的设计体现了尊重个性差异、实践教学过程公平的文化观。

学习站教学模式不仅给学生提供了学习内容、学习方式的选择权，还为学生提供了小组学习或个别学习的开放性空间，有利于学生自主、合作意识的养成和认知策略的形成。学习站教学模式表现为：教师导入教学后，全班复习已学知识。学生以合作学习小组的形式进入学习站学习后，教师引导其分享、总结学习站的收获。学习站教学模式的教学程序一般包括导入、全班复习、学习站学习、总结等4个步骤（图1-23）。

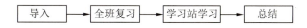

图1-23　学习站教学模式流程

5. 项目化学习

项目化学习是一种指向深度学习的探究活动，旨在促进儿童全身心的、合作性问题的解决及创造性思维与批判性思维的发展。项目化学习以驱动型的任务与问题来激发学生的学生兴趣和需要，通过学生持续的探究与实践，合作呈现出最终的作品。在项目化学习下，探索的过程应指向学生核心知识的再建构和思维的迁移，同时辅以多种工具和材料的运用。

（1）项目化学习设计。

① 背景与导入。

同里实验小学坐落于"醇正水乡，旧时江南"的千年历史文化名镇同里，著名爱国教育家金松岑于1902年创办的同川学堂和退思园第二代主人任传薪于1906年创办的丽则女校为学校前身，至今已有120年历史。以得天独厚的千年古镇为依托，基于百年老校的传统文化资源，如校园里的雪耻亭、五九国耻纪念碑等，我们开展了主题为"历史的回声"的项目化学习活动。

同里实验小学从江苏省教育科学"十三五"规划课题"儿童合作学习驿站构建的实践研究"开始，就致力于学生合作学习素养培养的实践研究，至今已积累了10余年学生合作学习的相关经验。在此次五年级项目化学习"历史的回声"研究过程中，我们根据探究对象的特点和要求，将班级学生分成情报站、发现者、小学者、合秀吧、DIY、创作坊和梦空间等7个小组，鼓励学生结合个人兴趣特长，主动报名参与项目探究活动。

② 项目设计与探究。

在活动开始前，为了掌握学生对所探究项目有哪些了解，同时也为了更好地满足学生的探究欲望，我们设计了入项调查表。首先进行入项调查，在五年级发放入项调查表并要求学生如实填写，回收入项调查表并进行汇总分析，了解五年级学生已知和想知的内容；其次开展设计活动，根据收回的入项调查表所反映的学生实际需求，设计活动内容；最后，为了让学生更好地发挥自身优势与特长，我们将班级学生分成7个小组，每个小组的任务各不相同，通过组员之间的相互配合，形成项目探究成果。

（2）项目化学习模式评析。

① 主题鲜明，目标明确。

主题的选择是课程开展的基础，在选择主题时，必须考虑学生的需求与社会实际。在设计主题的过程中，也要依据学生的知识基础与经验，结合实际的教学需求和内容，让整个项目活动符合教学目标，并尽量从学生的观察和感知角度去进行挖掘，创造形态丰富、富有个性的活动项目。

以得天独厚的千年古镇为依托，基于百年老校的传统文化资源，以及我校对学生提出的"做'诚勤朴爱，乐于合作'品质的现代人"的培养目标，在江苏省教育科学"十三五"规划课题"儿童合作学习驿站构建的实践研究"的持续深入推进过程中，我们开展了以"历史的回声"为主题的项目化学习研究。参与这项研究的老师从学生视角出发去设计和策划实践活动，尽可能丰富学校品德教育的形式，拓宽教学的边界，通过实践，学生的各项能力均有所发展与提升。

② 联系生活，激发兴趣。

在开展项目化研究活动的过程中，有许多与传统教学相通的地方——都是由知识点出发，但在学生学习体验的引导过程中有许多与传统教学不同的地方。传统教学是通过知识点来对教学活动进行设计，而项目化学习模式则是根据知识点的教学目标，将知识点的教学与学生的实际生活充分结合。在教学方法上，教师针对小学生的教学以趣味为主的特点，通过寓教于乐的方法，尽最大可能地去激发与调动学生的自主学习能力和兴趣，并通过学生的积极参与来提高教学质量。

在参与项目化研究活动的过程中，每个组的任务各不相同，学生可根据自己的特长和兴趣选择相应的小组申请加入。当然，每个组的任务都是基于学生的生活实际，尽可能最大化地利用周边资源开展活动。在整个活动开展的过程中，学生被充分地吸引，组员之间开展合作探究，让整个活动得以顺利进行。

③ 小组合作，深度探究。

小组合作学习模式是现阶段各科教学常用的教学方法之一，在小组学习的基础上，学生既可以分工合作，提高合作能力，也可以互相竞争，提升竞争意识。小组合作是一种充分以学生为主体的学习模式，在小组合作学习模式下，学生的学习热情在同伴的互帮互助中被点燃，学习积极性得到很大的提高。项目化学习模式同样十分注重培养学生的合作学习能力，在项目化学习模式下，以小组为单位，组员需要共同协作完成相应的任务。

在小组合作学习模式下，学生能够通过互相帮助、互相补充加深对项目的理解，得出更为合理的探究成果，从而提升自身的探究与合作能力。

④ 交流展示，成果分享。

评价项目化学习活动的成效，作品和成果的呈现是很重要的一个方面。项目化学习活动探究结束后，便进入了作品展示阶段，每个小组都要通过作品来展现他们在项目化学习活动中所获得的知识和所掌握的技能，以及在项目化学习活动过程中的体验、感悟与反思。因此在设计项目化学习活动时，首先就要考虑学生最终将得到怎样的发展，从哪些地方可以体现出他们的收获，而作品和成果无疑就是最好的证明。

在开展项目化学习活动时，教师必须充分利用身边资源，对活动形式予以创新，最大化地发挥项目实践的优势。在教学过程中，教师要选取学生感兴趣的实践内容，激发学生的学习兴趣，让学生主动参与学习，以提升学生的综合素养,为其后续的学习和工作奠定坚实的基础。

三、研究成果

同里实验小学在合作学习品质研究的基础上,探索合作学习素养构成要素。如前所述,自2018年江苏省教育科学"十三五"规划课题"儿童合作学习驿站构建的实践研究"立项以来,我们开启了"三轨"并举的创新实践。在实践探索中,我们完成了儿童合作学习素养图谱的理论探索,完成了实证研究"学习方式与学习空间"的问卷调查报告,提炼出了儿童合作学习的行为指南——《同里实验小学·童言童行》,汇编了《儿童合作学习素养培育实践研究论文集》,形成了《儿童合作学习驿站教学案例》,建构并实施了"儿童合作学习驿站"校本课程。

(一)儿童合作学习素养图谱的理论探索

课题组在前期文献检索研究的基础上,进一步搜索与合作学习素养构成要素相关的文献,如"合作学习的概念与内涵""合作学习的理论基础""合作学习的类型""合作学习驿站的理解和认识"等,为研究提供最新的文献资料。同时,明确了合作学习素养关键要素之间的关系,形成了儿童合作学习素养图谱。

(二)实证探索:"学习方式与学习空间"的问卷调查报告

完成理论准备之后,我们分别对教师和学生进行了以"学习方式与学习空间"为主题的问卷调查。基于调查研究数据所反映的学生学习需求,我们确定了课题研究的起点。

1. 问卷调查的内容

"关于同里实验小学学生学习方式与学习空间的调查问卷"的设计主要涵盖了三个方面的内容。

(1) 合作学习观,主要包括目前学生参与合作学习的频率、方式,以及学生对合作学习的认识和态度。

(2) 学习环境,主要涉及学生参与合作学习所需学具和设备现状;学生对合作学习环境的需求,如对座位编排形式的偏好、对学习资源的需求等。

(3) 课程整合,主要是了解学生对多学科课程整合的态度和设想。

2. 问卷调查的对象

抽样调查的对象为江苏省苏州市同里实验小学3~6年级的学生。

3. 问卷调查的结果

(1) 问卷调查的覆盖范围。

本次问卷调查共发放问卷113份,回收问卷113份,有效问卷113份。调查覆盖了同里实验小学的3~6年级学生,以随机的方式从三个年级中各选一个班发放问卷,由各班老师负责问卷的发放和回收。

(2)问卷调查结果的呈现。

在合作学习观方面,调查结果显示,部分教师组织合作学习的意识并不强烈,学生对合作学习的认同度很高,但只有少部分学生在合作学习中体验到成就感。

在学习环境方面,由调查数据可知,目前的教室环境存在一些问题,如6人合坐时的不方便等。学生也对教室环境提出了更高的要求,如课桌椅的升级、平板电脑的引入、和谐人际关系的构建等。

在课程整合方面,学生对跨学科的学习方式很感兴趣,并且能够对此做出一些很好的设想。学生关于课程融合的设想涉及全部科目,其中不乏既有趣又可操作的点子,这些点子为我们后续的研究工作提供了一些思路。

4. 问卷调查后的思考

(1)师生对合作学习的认识和态度。

① 合作学习现状概览。

目前,同里实验小学的合作学习多发生在普通教室内,有少部分发生在多功能教室、专用教室和操场等特殊场所。学生最喜欢有小组长主持的合作学习,比较喜欢跨组合作。但合作学习的时间安排不够合理,有部分学生认为时间很紧张甚至不够。学生对合作学习的认同度较高,绝大多数学生认为合作学习对自己的学习有帮助。

② 师生的合作学习观。

一是教师层面,部分教师组织学生进行合作学习的意识并不强烈。

二是学生层面,我们要让学生在合作学习中更多地体验成就感、体验解决问题的乐趣,由此生发出对合作学习的信任和动机。

(2)学生对学习环境的需求。

学生对合作学习环境的需求主要从物理环境和心理环境两个方面来进行分析。

首先,在物理环境方面,要满足学生对时间环境的需求,教师组织学生进行合作学习的时间点和学生完成合作学习的时间安排要合理科学。其次,在空间环境方面,教师不仅要为学生创设能够促进学生友好交往、活跃思维和灵活进行跨组交流的条件,还要在教学内容呈现、师生或生生互动及资源获取等方面尽可能为学生创造条件。最后,在心理环境方面,教师应该为学生营造组员之间互助、互赖与信任的良好氛围。

5. 问卷调查后的探索研究

（1）培养师生教与学的合作学习观。

（2）多方面入手组织合作学习，如建立有效的合作学习小组，培养组内学生的积极互赖、积极评价，提供展示合作学习成果的时间或空间，等等。

（3）为学生创设良好的合作学习环境。

（三）实践探索：提炼儿童合作学习的行为指南

课题组以培育学生合作学习素养，为儿童终身发展奠定良好基础，促进幼儿德、智、体、美、劳各方面协调发展为目标，提炼出了儿童合作学习行为指南《同里实验小学·童言童行》。

《同里实验小学·童言童行》以绘本的形式，向学生介绍新时代同川君与丽则卿的合作意识、合作能力和合作行为规范，合作学习小组组建的要素，小组合作学习使用的语言，小组合作学习的分工和职责，合作学习单的使用，合作学习的模式等，帮助学生快速入门并掌握合作学习的一般策略和方法。

（四）经验总结：理性思考汇编论文集

在实践过程中，课题组开启了"三轨"并举的创新实践。

在常规教室里，课题组提炼出了校本化实施国家课程的教学模式，如基于小组合作的新授课、复习课、小组值日清单等。在学校创建的与国际教育接轨的特殊空间——学习中心里，课题组创设了校本课程"儿童合作学习驿站"教学模式，开展师师合作与生生合作融合的多元合作教学。此外，课题组还充分挖掘并利用百年老校积淀的校园文化资源，探索潜在课程的实施路径——开展项目化学习，如开展以"校园地图""雪耻亭""五九国耻纪念碑""同川君和丽则卿"等为主题的小组合作探究活动等。同时，还实施图书借阅、食堂用餐等的自主管理策略。

"合作学习素养构成要素"课题组取得了丰硕的研究成果，有51篇论文发表于省级以上刊物，如《从结果转向过程：清单在英语故事写作中的应用》发表于《小学教学研究》2020年第2期，《深度学习导向下的合作学习教学策略》发表于《基础教育研究》2021年第2期，《例谈小学数学教学中合作学习单的设计与运用》发表于《江苏教育研究》2019年第29期，《小组合作：提升班级管理实效性的有效抓手》发表于《小学生作文辅导》2019年第3期，《小学生小组式班级管理初探》发表于《好家长·小学教育研究》2019年第20期，《让语用能力在小组合作学习中悄然提升：例谈统编语文低中年段阅读教学合作学习点的设计》发表于《广西教育》2021年第25期，等等。

围绕儿童生活，课题组挖掘学校开放空间里的课程资源，形成了相关经验总结和论文，如《以合作驿站方式开展的社团探究——以"水乡小导游社团"为例》发表于《小学教学研究》2021年第27期，《"合作驿站"绘本阅读教学，促进学生多元智能发展》发表于《小学教学研究》2021年第18期。

在合作学习素养培育的理论研究方面，课题组针对合作学习素养培育的实施路径及其具体策略和方法进行了探索，形成了相关的研究成果。《试论小学生合作学习品质提升的方法与路径》发表在《教育信息化论坛》2018年第1期，《在"合作学习驿站"中培育合作素养》发表于《中国教育报》2021年12月；2020年10月，《合作学习驿站：走向可持续未来的可能途径》获江苏省教育管理论文二等奖。

课题组将教师的61篇论文汇编成《儿童合作学习素养培育实践研究论文集》。论文集共分为5个部分，第一部分围绕合作学习的教学原理展开讨论，第二部分主要讨论合作学习小组的建设，第三部分主要探讨合作学习单的设计与运用，第四部分是基于课堂的合作教学实践经验总结，第五部分探讨基于合作的班级管理。

（五）教学展示形成案例集

各学科积累了大量的合作素养培育实践成果，课题组将在常规教室实施的国家课程的研究案例（基于合作的学科教学模式、合作学习单）、在学习中心实施的校本课程的研究案例（师师合作教学）、充分挖掘并利用百年老校积淀的校园文化资源实施的潜在课程（项目化学习）的研究案例汇编成册，形成了5万字的《儿童合作学习驿站教学案例》。

（六）建构并实施"儿童合作学习驿站"校本课程

课题组依据多元智能理论，科学认识学生之间的学习差异，融合跨学科整合的理念，运用自主、合作学习的策略，设计了"儿童合作学习驿站"的校本课程。该课程包含"我爱我家""同里味道""文娱广场""悦读天地"等4个板块。目的是通过这4个板块的学习活动，促进学生多元智能的有效开发、适度发展；通过小组合作，使学生分享学习的乐趣，养成合作意识，提升合作能力；通过校本课程的学习实践，促使学生体验和感受优秀的中国传统文化和同里乡土文化。

（七）出版实践研究论著

聚焦合作学习素养培育，课题组从课题的研究背景、理论基础出发，探索儿童合作学习培育的路径、实施策略和方法，总结归纳儿童合作学习培育的教学范式，形成了理论和实践一体化的实践研究论著《儿童合作学习素养培育的原理与实践》。该论著共分4章，第一章阐述了儿童合作学习素养培育的研究状况,第二章探索了儿童合作学习素养培育的路径,第三章凝练了儿童合作学习素养培育的策略和方法,第四章提炼了儿童合作学习素养培育的教学范式。此论著共31.4万字,由苏州大学出版社正式出版。

第二章

儿童合作学习素养培育的路径

在儿童合作学习素养培育的不断探索与实践中，课题组从儿童学习和儿童生活两个方面着手，逐步形成了三条研究路径：一是国家课程的校本化实施，二是校本课程的创新实践，三是潜在课程的资源开发。课题组还梳理了三条实施路径，形成了常规教室中学科合作学习教学范式和自主管理模式；完成了"儿童合作学习驿站"校本课程建设，创设了儿童合作学习驿站的特殊学习空间；开发利用校园中的开放空间，开展了项目化学习。

第一节　国家课程的校本化实施

一、合作学习小组的建设

（一）小组数和小组规模

根据每个班级总人数及组内岗位的需求来确定合作学习的小组数和小组规模，一般可采用4人组或6人组（图2-1，图2-2），如出现学生人数不足或多余，余下的组可组建3人组或5人组。

图2-1　4人合作小组　　　　　图2-2　6人合作小组

（二）分组及职责

1. 分组

各班任课教师参与分析班上每个学生的学力、智力、个性、学习态度、学习兴趣、行为习惯等，依据组内异质、组际均衡的原则将学生分组，组成多个3~6人的合作学习小组。为提升合作学习小组的荣誉感，小组成员应保持相对稳定。可以一学期或一学年调整一次，也可根据学习和管理需要，在过程中对组内成员做出调整。

2. 职责

在分配职责前，应确定组内岗位，小组自主管理的岗位主要有组长、礼仪员、就餐员、整理员等。如是3人小组，组长可兼礼仪员、就餐员或整理员；如是6人小组，可根据班级管理需要增设岗位，如增设队列员、阅读员等。可围绕岗位组织小组成员讨论，通过推荐、自荐的方式认领岗位，并确定各成员的职责。

(1) 组长。

协同成员确立小组组名、组规和小组成长愿景，全面负责小组自主管理情况，关注礼仪员、就餐员、整理员履行职责情况。

(2) 成员。

分工负责组内管理，关注、督促小组其他成员（礼仪员关注成员标志佩戴、语言文明、课间活动等情况。就餐员关注成员排队领菜、轻声用餐、餐后整理等情况。整理员关注成员课前准备、书包柜、课桌兜整理等情况）。根据小组成员表现，及时提醒、指导、帮助有困难的同学，及时向组长反映组内问题。

（三）组标及组规

为培养学生的小组团队感、荣誉感，教师应组织各小组集思广益，确定组名、组标及组规（或愿景），组名应围绕班级成长目标来确定，既要体现小组特点，又要反映班级共同的价值取向（图2-3）。组标的设计应醒目、别致。组规应简洁明了，易于记忆，语言倡导应从正面引导，避免使用"不准""不要"等禁止性的语言。

图 2-3　合作小组的组标、组规

（四）合作学习语言

1. 在活动进行的不同阶段使用不同的合作学习语言

在活动进行的不同阶段使用不同的合作学习语言，举例如下。

合作开始前："我们自己先读一读，看一看，然后把重要的部分圈出来。""已经想好答案的同学，可以再想想有没有别的答案。"

合作开始时："自己学习得差不多了吧？我们开始交流！""今天谁先来？昨天是你，今天轮到他吧！""要仔细听哦，每个人可以说不一样的。""谁有补充？"

合作学习的过程中部分学生参与度不够时："你听清楚大家的想法了吗？可以重复一遍吗？""你能说得更清楚一些吗？""我们要加油啦！"

合作学习的过程中部分学生表现很好时："哇，你的进步真大！""你说的我们都没有想到，你是怎么想出来的？"

对合作学习活动进行总结时："经过讨论，我们小组都觉得……""刚才我们组的成员一起合作，有几个想法，一是……二是……""你还有什么补充？""刚才一组说得特别好，让我们也得到了启发，我们觉得……"

2. 角色不同使用的合作学习语言也不同

以小组交流话语的使用为例（表2-1）。

表2-1 小组交流话语

角色	话语交流系统
主持人	"大家先自己思考……""准备好了吗？谁先来说说……""有不一样的想法吗？""时间有限，我们先交流到这里……""今天谁来负责展示，用什么方式展示？边听边思考一下？""等会儿我们用什么方式来展示我们的研究？大家出出主意？……"
讲述者	"对于我所讲的内容，你有什么想法？""我说的内容你清楚了吗？""你知道我正在说什么吗？""我的意思是说……"
倾听者	"你的观点是……""我不理解的是……""你能换一种说法吗？""我有不同的想法……""我认为……""你们都认为……但是我可以这样认为吗？……"
报告员	"我代表我们小组向大家进行汇报……有没有不同意见或者补充？""经过讨论，我们分别从……展开了交流，谁还有补充吗？或有不一样的想法？"

二、合作学习的时机选择

合作学习作为一种教学策略，和其他所有的教学策略一样，需要根据教学目标、教学内容和学生实情择机而定，以充分发挥其优势，规避其不足。通常，在以下教学情景中运用合作学习较为适宜。

（一）思维难度大，无法独立完成

有些问题对学生来说具有极大的挑战性，学生在独立思考和探索时出现困难是很正常的。但是能由学生探索发现的，教师决不能单纯传授和代替，因为，由教师传授的知识学生当时可能懂，但可能很快就会忘记，以后遇到类似的问题还是会出现障碍。这时教师可以采取小组合作学习策略，促使学生相互启发，实现思维、智慧的碰撞，产生新的灵感，从而解决问题。

【案例】课题：3的倍数的特征

一、教材

苏教版《小学数学》四年级下册。

二、说明

本课时的教学目标为通过观察、猜测、验证等活动，让学生经历3的倍数的特征的归纳过程，以发展学生的抽象思维，培养相互间的交流、合作意识。本学习单在探索特征的过程中使用。

三、学习单（10分钟）

1. 用计数器拨3的倍数（两位数）。
2. 同桌两人合作，一人拨珠，另一人记录。
3. 把拨的数记在下表相应的方格里。

计数器上表示的数	用了几颗珠子	拨出来的数不是3的倍数

4. 小组成员一起观察表格，猜猜3的倍数和珠子的个数之间有怎样的关系。

我的猜想：

5. 学生自由选择算珠颗数，然后填写第二张学习单，并验证猜想。

用了几颗算珠	表示的数	拨出来的数是3的倍数	拨出来的数不是3的倍数

（设计：陆云恺）

这个知识点，学生要独立完成存在一定的难度。本课是在学习2、5的倍数特征的基础上学习的，很多学生会受前知干扰，因此为了能突出3的倍数的特征，教师采取的教学方法是让学生通过动手实践，在活动体验中产生困惑，困惑越大，学生的探究欲望就越强，从而顺理成章地进入下一个教学环节。

给学生10分钟去动手体验，而后进行交流和校对，学生会形成一致意见——用3颗、6颗、9颗算珠拨出来的数都是3的倍数，然后形成3的倍数特征：如果各个数位的和是3的倍数，那这个数就是3的倍数。在这个实验活动中，学生亲自动手，亲自实验，亲自操作，感知并形成表象，为进一步掌握数学知识打下基础。

（二）学习容量大，无法按时完成

在课堂教学过程中，由于时间限制或学生基础知识欠缺，部分学生会遇到无法独立解决的问题，而教师又不能凭借一己之力来指导所有有困难的学生，这时教师应积极组织合作交流，通过小组合作，学生互相帮助，不仅能激发学生强烈的求知欲望，保证学习任务的按时完成，还能增进学生的友谊，增强个体学习的动力。以小组合作的形式来开展学习，既放手给学生，又提高了学习的效率。

【案例】课题：漫画的启示

一、教材

部编版小学《语文》五年级下册。

二、说明

第二课时的教学目标为在老师的指导、示范下，根据评价清单和同学的意见，修改指定组员的习作片段。本学习单在教师示范评改例文片段后使用。

三、学习单（15分钟）

1. 独立读草稿（人手一份），对照清单中要求的内容，在清单后面打"√"或"×"。

2. 独立选择一处进行修改。

启示部分清单

（1）对漫画现象的看法（ ）

（2）生活中的现象（ ）

（3）正确的引导（ ）

（4）组内交流（我建议把原文中的"……"改为"……"）

（5）小组交流汇报：关于第（ ）点，我们最满意的修改是（ ）

（设计者：柳云）

这是一堂作文指导课,通常作文指导课都是教师与个别学生的对话,通过小组合作的方式,利用清单,每个学生的作文都可以在当堂得到一个评价,保证了每个学生的作文都能达成一个最基本的目标。从学生真正完成任务的角度出发,看效率,这种学习方式是成功的。效率主要表现在后进生身上:班级有三分之一的学生,本来他们的作文修改是要老师一对一才能完成的,并且是拷贝也走样。通过学习单合作修改的方式,这些学生在自己组内依靠小组的力量,有了近距离的参考,作文修改完成起来就快了很多,减少了老师面对面指导修改的负担,提升了作文修改的效率。

(三)需要运用发散性思维,提出多种解决问题的对策

新课程教材中有许多展开性的讨论题,这类题目往往"千树万树梨花开",答案呈现出多样化。面对同一道数学题,有些学生考虑问题简单,仅满足于一解,有些学生甚至一筹莫展,解题思路僵化。这时,可以采用小组合作的方式,让学生在讨论交流中拓宽思路,从多个角度、多个侧面发现条件之间的沟通与联系,发现众多新信息,使解题思路呈现活跃状态,进而获得多解和优解。这样的讨论交流不但使学生思维的深刻性、敏捷性、灵活性等得到充分的发展,培养学生的多项思维,使其学会从不同角度用不同思路去解答,从而提高学习的积极性,同时也培养学生向别人学习的好习惯。

【案例】课题:——列举——解决问题的策略

一、教材

苏教版小学《数学》五年级上册。

二、说明

第一课时的教学目标为学生经历列举问题的可能结果,认识一一列举解决问题的策略,能根据问题条件依照一定顺序列举。本学习单在导入后使用。

三、学习单(10分钟)

1. 小组交流整理题目中的条件和问题,确定解题方法。

2. 独立思考,填写表格。

长(米)						
宽(米)						
面积(平方米)						

3. 组内交流表格。

4. 小组讨论:列举时应注意什么?比较长方形的面积、长和宽,有什么发现?

(设计者:吴晓婷)

"一一列举——解决问题的策略"一课，教学内容是用一一列举的策略解决实际问题。一一列举即把事情发生的各种可能逐个罗列，并用某种形式进行整理，从而得到问题的答案。生活中许多实际问题列式计算往往比较困难，如果联系生活经验，用一一列举的方法可能比较容易解决。因此，一一列举是解决问题的常用策略之一。而且在列举时因为要有序思考，不重复，不遗漏，因此对发展思维也很有价值。

在教学过程中，教师出示例题，让学生理解题意，先通过独立思考，填写表格，此时大部分学生可能会得到一种或两种解题方法，而通过小组讨论则有可能获得多种解题思路。小组合作学习过程中的交流能使学生进一步体会到解决问题的策略往往是多样的，同一个问题可以从不同的角度去分析，可以有不同的解题策略，从而增进其根据问题的特点灵活选用解题策略的意识，提高分析问题、解决问题的能力。

（四）开展学习难度低、参与率高的学习活动

合作学习并不一定贯穿于整个课堂教学的全过程。教师应根据教学内容、学生的实际情况和教学条件等选取适合合作学习的内容，在适当的时候让学生进行合作学习。有时，情境型的课本剧、对话练习、主题讨论等活动很适合于组织小组合作学习。例如，在课堂有限的时间内教学一段较长的对话时，可采用小组合作学习的方式，让学生分角色共同进行对话练习，然后在每个人熟悉对话内容的基础上再按情节汇合，这样不仅降低了对话的难度，保证每个学生都有机会开口，也为小组成员共同分角色排演对话提供了可能，不仅有助于教学任务的完成，也大大提高了学习效率。

【案例】课题：Unit 4 I can play basketball

一、教材

译林版《牛津小学英语》4A。

二、说明

第一课时的教学目标为理解课文内容，学会使用重点句型"Can you ... ?"及其肯定回答和否定回答。本学习单在课文角色表演时使用。

三、学习单（5分钟）

1. 独立朗读课文，圈出不会读/不确定怎么读的语句。
2. 讨论交流不会读/不确定怎么读的语句。
3. 分角色朗读。
4. 讨论每个角色的语音、语调和动作。
5. 分角色表演。

（设计者：沈丽婧）

学习英语需要进行互动交流，其在本质上就是合作学习，当然更多的是在合作中促进学生的相互学习。学生每学完一篇对话，教师一般都会要求他们进行角色表演。这一活动是不能在布置任务后立即进行的，而是要先独立朗读，然后通过讨论扫清朗读障碍，接着再分角色朗读，在得到完美的表演之前还要对朗读的语音、语调、动作等进行讨论和练习。例如在执教译林版《牛津小学英语》4A Unit 4 "I can play basketball"一课时，通过学习单，每个组员都能在小组活动中充分锻炼自己的语言表达能力，同时也懂得了尊重他人的道理，真正学会了合作和探究。

第二节 校本课程的创新实践

一、"儿童合作学习驿站"的校本课程方案

（一）背景分析

国际21世纪教育委员会在向联合国教科文组织提交的报告《教育——财富蕴藏其中》中指出：面向21世纪的教育要培养学生"学会合作"。2016年发布的《中国学生发展核心素养》指出要培养全面发展的人，而"学会学习"就是必备素养之一，它包括乐学善学、勤于反思、信息意识等方面。其中乐学善学是指能够根据不同情境和自身实际，选择或调整学习的策略和方法，能较好地与同学交流互动，能更好地反思自己的学习，合作处理更多信息等。可见，合作学习不仅是一种教和学的策略，更是学生核心素养的构成要素。

同里实验小学已有一百多年的建校历史，其前身之一是近代教育家金松岑先生于1902年创办的同川学堂。当时，金先生提出的"德""智""体""群""美"五育并重办学理念中的"群"，即指群体交往能力，强调培养学生的协作能力。这与当下合作学习所倡导的社会交往技能是一脉相承的。追本溯源，同里实验小学把"群育"与合作学习文化紧密融合起来，力求通过科研实践，积极传承与弘扬百年老校的优良文化传统。

同里实验小学处于城乡接合部。近些年，小镇居民的生活环境得到了较大改善，很多学生的家庭经济状况较为富裕，且大多数学生身处独生子女家庭。在此环境下，这些学生慢慢形成了以自我为中心的个性特点，缺乏关心他人、与人分享的想法与行动。这样的价值观在校园里常常表现为学生以个体学习为主，相互竞争激烈；一个学生的成功，往往意味着其他学生的失败；他人的学

习与自己无关，缺乏主动互助精神；缺乏群体合作性、包容性；等等。这些都影响了学生的全面、健康发展，无益于他们将来在社会的发展。要改变这一现状，我们就必须关注学生的合作学习。

同里实验小学处于长江三角洲中心位置，与上海相邻。利用这一地理位置优势，我们积极向上海多所高校寻求教育科研方面的理论与实践支撑。"十二五""十三五"期间，学校把基于合作的学习模式构建作为教育科研的主攻方向，得到了华东师范大学教授与专家的全程指导。遵循自上而下的理论指导和自下而上的实践提炼相结合的方式，我们在提升小学生合作学习品质的原理和实践路径方面积累了一定的经验，取得了一定的成果。同里实验小学主持并开展了江苏省教育科学"十二五"规划重点课题"从形式走向实质：小学生合作学习品质提升的研究"的研究，重点探讨在常规教室里如何依托国家课程，运用合作学习教与学的策略，提升学生的合作学习品质。我们发现，合作学习品质的提升需要开放空间，充分利用校内外资源，创设学习情境。在"十三五"期间，我们提出了指向核心素养培育的合作学习驿站的构想，并以此申报了课题"儿童合作学习驿站构建的实践研究"。儿童合作学习驿站不仅是一个具有时空优势的特殊空间，更是一个具有物理空间和心理空间的特殊的学习场所。在这个场所里，学生与学生之间、教师与学生之间、教师与教师之间是积极互动、协同共享的关系。"儿童合作学习驿站"校本课程是同里实验小学承担的江苏省教育科学"十三五"规划2018重点课题"儿童合作学习驿站构建的实践研究"的阶段性成果。

（二）课程理念

1. 多元智能理论

（1）智能的含义。

霍华德·加德纳（Howard Gardner）对智能的定义是：在真实生活中解决问题的能力；提出新问题的能力；在所属文化领域中生产有价值的成果或提供有价值的服务的能力。

（2）8种智能。

霍华德·加德纳将人类的所有能力分成8个综合性的智能类别，这8种智能分别是：语言智能、数理逻辑智能、音乐智能、视觉空间智能、身体运动智能、人际交往智能、自我认知智能、自然智能。他认为每个学生都具有8种智能的潜质。大多数人在某些智能方面有较高的发展，在某些智能方面有适度发展，而其他的智能则未开发。如果给予适当的鼓励，提供丰富的环境和指导，大多数学生有可能将这8种智能发展到较高水平。

2. 合作学习的内涵

纵观世界各国合作学习专家对合作学习概念的认识，其内涵可综合表述为：以异质学习小组为基本形式，系统利用教学动态因素之间的互动促进学生的学习，以团体成绩为评价标准，共同达成教学目标的教学活动。合作学习曾经被视为一种教学策略。我们认为，在核心素养时代，合作学习是学会学习素养的一个构成要素。

智能是解决某一问题或创造某种产品的能力，而这一问题或这种产品在某一特定文化或特定环境中是被认为有价值的。就其基本结构来说，智能是多元的，每个人身上至少存在以下8项智能：语言智能，指有效运用口头语言及文字表达自己的思想并理解他人，灵活掌握语音、语义、语法，具备将用言语思维、用言语表达和欣赏语言深层内涵的能力结合在一起并运用自如的能力；数理逻辑智能，指有效地计算、测量、推理、归纳、分类并进行复杂的数学运算的能力，这项智能包括对逻辑的方式和关系、陈述和主张、功能及其他相关抽象概念的敏感性；音乐智能，指人能够敏锐地感知音调、旋律、节奏、音色等的能力，这项智能对节奏、音调、旋律或音色的敏感性强，包括与生俱来的音乐天赋，较高的表演、创作及思考音乐的能力；视觉空间智能，指准确感知视觉空间及周围一切事物，并且能把所感觉到的形象以图画的形式表现出来的能力，这项智能对色彩、线条、形状、形式、空间关系等很敏感；身体运动智能，指善于运用整个身体来表达思想和情感、灵巧地运用双手制作或操作物体的能力，这项智能包括特殊的身体技巧如平衡、协调、敏捷、力量、弹性和速度等，以及由触觉所引起的能力；人际交往智能，指能很好地理解别人和与人交往的能力，这项智能包括善于察觉他人的情绪、情感，体会他人的感觉感受，辨别不同人际关系的暗示并对这些暗示做出适当反应的能力；自我认知智能，指自我认识和有自知之明并据此做出适当行为的能力，这项智能能够认识自己的长处和短处，意识到自己的爱好、情绪、意向、脾气和自尊，喜欢独立思考；自然智能，指善于观察自然界的各种事物，对物体进行辨识和分类的能力，这项智能有着强烈的好奇心和求知欲，有着敏锐的观察能力，能发现各种事物之间的细微差别。

（三）课程目标

（1）通过"我爱我家""同里味道""文娱广场""悦读天地"等4个板块的学习活动，促进学生多元智能的有效开发、适度发展。

（2）通过小组合作，使学生分享学习的乐趣，养成合作意识，提升合作能力。

（3）在校本课程的学习实践中，促使学生体验和感受优秀的中国传统文化和同里乡土文化。

（四）课程内容

同里实验小学依据多元智能理论，科学认识学生之间的学习差异，融合跨学科整合的理念，运用自主、合作学习的策略，设计了"儿童合作学习驿站"

的校本课程，该课程有"我爱我家""同里味道""文娱广场""悦读天地"等4个板块。

"我爱我家"板块主要是通过小组合作的空间探索和绘制指示图与路线图，侧重发展学生的视觉空间智能和数理逻辑智能，促进其探究能力和解决问题能力的提升，并体验合作学习的乐趣。（图2-4）"同里味道"板块主要通过小组合作进行的同里美食品尝和制作，侧重发展学生的动手能力和自然智能，促进其劳动能力的提升，并体验合作学习的乐趣。（图2-5）

图2-4 "我爱我家"课程内容　　图2-5 "同里味道"课程内容

"文娱广场"板块主要通过小组合作的文体活动，侧重发展学生的音乐智能和身体运动智能，促进其创新能力的提升，并体验合作学习的乐趣。（图2-6）

"悦读天地"板块主要通过小组合作阅读，侧重发展学生的语言智能，促进其语言应用和理解能力的提升，并体验合作学习的乐趣。（图2-7）

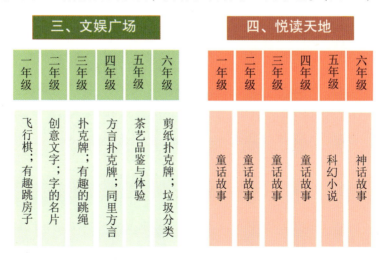

图2-6 文娱广场课程内容　　图2-7 阅读天地课程内容

4个板块的学习促进了学生合作意识、合作能力，以及人际交往智能和自我认知智能的发展与提升。

（五）课程实施

1. 课时安排

合作探究型课程为每两周一课时，每课时40分钟。在学年总课时不变的情况下，课题组会安排学生进行熟悉校园各场地及路线的实践活动，并对探究型课程的课时安排进行微调。

2. 实施方式

（1）固定时段合作探究型课程活动安排。

每两周一次，在各年级负责实施此项课程的教师的带领下，进入特殊学习空间或校园开放空间进行学习。一、二年级学生在体育活动课上开展活动，三到六年级学生在综合研究课上开展活动，或利用班队课开展活动。其中，一年级学生在第二学期开展活动。围绕本年级研究内容，课题组教师引导学生有序开展合作，激发其探究学习的兴趣，培养学生的合作意识。

（2）不固定时段合作探究型课程活动安排。

学生以小组的形式在课余时间进行实践观察活动，或者周末在家长的帮助下利用网络搜集资料，开展研学探究活动。

（六）课程评价

课程评价，不仅检验与评估既定教学目标和内容的实现情况，还评估课程是否有利于学生和课程开发者的发展与进步。本研究的课程评价主要是对学生的评价，评价方式是星级评比，结合自评与互评双线并行。

根据本课程的特点，实行多元的评价方法，注重过程评价与结果评价相结合，在每一节课后安排评价。评价分为"学习成果"和"小组合作学习"两个方面（表2-2）。"学习成果"评价主要是对学习这一课的成果进行评价，"小组合作学习"评价则更多聚焦在合作过程、合作能力方面，评价方式为他组评价，以促进组内团结互助、组间良性竞争。期末，针对小组课程学习成果和小组成长进行综合评价。

在评价方式上，在小组合作学习评价表使用初期，教师可以让学生在小组内进行自评和互评，重点放在小组内合作学习的效果评价上。在学生熟练操作小组合作评价表后，可以进行小组互评。具体操作方法为：在"组名"一栏内写上其他组的组名，对其他各组的学习成果和小组合作学习用不同数量的"☆"来表示评价结果，根据两个栏目的合计星数来评价各组的合作学习情况。

表 2-2　小组合作学习评价表

组　名	学习成果	小组合作学习	总计

注：评价结果用"☆"表示，最高为 5 颗"☆"。

（七）课程保障

课程保障主要包括师资保障、资源保障、经费保障这三个方面。

1. 师资保障

师资保障的主要途径是加强合作探究型课程师资队伍的建设，学校要有计划、有组织地对相关教师进行培训与指导。教师培训的主要内容有理论学习，合作探究型课程的设计、组织和技术指导，课程实施过程中的协调技术和评价技术等。

学校还成立了校本课程管理组，以确保课程的正常实施。

组长：徐根泉（书记）。校本课程的主要决策人和负责人，负责校本课程的总体规划、宏观调控及全面的研究和实施。

副组长：朱芳（副校长）。具体负责校本课程的设计与实施，指导协调各部门工作，对校本课程的开发与研究、实施与评估进行全面的调查、培训、指导和检查。

徐泉红（副校长）负责校本课程实施过程中的纪律、卫生、安全等的管理。

2. 资源保障

（1）网络资源。

在该校本课程的实施过程中，可能会遇到设计绘图、搜集资料等问题，教师可以利用网络教室开展活动，充分利用网上资源。

（2）学校资源。

同里实验小学充分挖掘校内教工的潜能和特长，以及校园人文和自然环境资源，充分利用学校的场地、设备和其他各种设施，为学生的合作探究提供各种形式的学习驿站。此外，学校还专门设置了一个特殊的学习空间，用于打造特殊的合作学习驿站。

（3）社区资源。

课题组利用学校的地理位置优势——位于同里古镇附近，发挥同里社区的作用，为合作探究型课程的实施提供资源。

（4）家长资源。

课题组充分发挥家长的特长（包括专业技能、经验和其他各种能力），充实学校探究型课程的指导力量，帮助学生在周末空余时间开展活动、搜集资料，支持学校的课程建设。

3. 经费保障

同里实验小学对合作探究型课程所需要的场所、设备进行了统一规划，落实了开展合作探究型课程所需的经费，确保必要的教学设备，并加强对经费和设备的使用管理。所有可利用的场所、设备均向学生开放，以提高其利用率。

二、"儿童合作学习驿站"校本课程

"儿童合作学习驿站"校本课程的教材共有6本，每个年级1本。每本均有"我爱我家""同里味道""文娱广场""悦读天地"等4个单元，每个单元1~4课时不等。具体目录见表2-3。

表2-3 "儿童合作学习驿站"校本教材目录

	我爱我家	同里味道	文娱广场	悦读天地
一年级	《班级座位表》	《桂花·小圆子》	《飞行棋》《跳房子》	《鼠小弟的背心》《逃家小兔》
二年级	《楼层示意图》	《白馒头》	《有创意的文字》《字的名片》	《没头脑和不高兴》《小黑鱼》
三年级	《教学楼指示牌》	《青团子》《芋头》	《音乐扑克牌》《有趣的跳绳》	《笨狼的故事》《爱心树》《了不起的狐狸爸爸》《小蛇爸爸》
四年级	《我们的校园环境》《东校门口的指示图》《最佳出操路线图》	《酒文化》《粽子》	《方言扑克牌》《外卖》《校门口的指示图》	《鲁滨孙漂流记》《奇妙的数王国》《亲爱的汉修先生》《时代广场的蟋蟀》
五年级	《食堂逃生路线》《体育馆逃生路线》《我的回家路》	《可食用的植物》《太湖三白》	《茶艺》	《草房子》《城南旧事》《窗边的小豆豆》《科学改变人类生活的119个伟大瞬间》
六年级	《同里景点简介》《学校到景点路线》	《水八仙·鸡头米》《菜品大赏》	《剪纸扑克牌》《垃圾分类》	《绿山墙的安妮》《地心游记》《汤姆·索耶历险记》《西游记》

【案例】我爱我家:《我的回家路》的教学设计

一、教学目标

1. 通过小组合作,正确绘制一张从学校回家的路线图。

2. 在合作学习的过程中体验合作的乐趣,养成合作意识,提升合作能力。

二、教学重点、难点

1. 教学重点:在合作学习的过程中体验合作学习的乐趣。

2. 教学难点:正确绘制组员从学校回家的路线图。

三、教学准备

1. 每位学生准备好美术工具包,内有彩笔、铅笔、橡皮、直尺、胶水等。

2. 每组5张记录纸(小),4张白色卡纸(大)(教师可多备几张作为备用)。

3. 每组1张小组合作学习评价表(表1)。

表1　小组合作学习评价表

组　名	学习成果	小组合作学习	总　计

注:评价结果用"☆"表示,最高为5颗"☆"。

四、教学过程

第一课时　制作路标

(一)认识路线图

1. 师:同学们,我们每天都在经历上学、放学的过程,或许你对自己的回家路线已经很熟悉了,但是你能绘制一张路线图,帮助你的同学准确找到你的家吗?今天这节课我们就一起来绘制一张《我的回家路》。究竟应该怎样绘制路线图呢?我们先来看几张图片。

2. 展示图片(图1、图2、图3)。

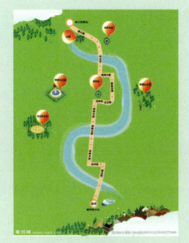
图1 路线图样图1

图2 路线图样图2

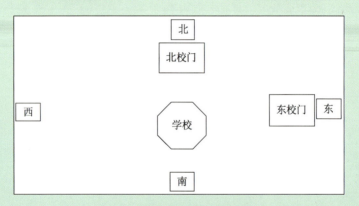
图3 回家路线方位示意图

3. 师：同学们，找一找，这两张路线图有什么共同的地方？
（起点、终点、图案、路线、特殊建筑物的名字……）

师：是的，这就是绘制一张路线图必不可少的元素。

师：那再找一找，这两张路线图上有什么特殊的地方呢？

（路的名称、标题……）

师：这个我们可以根据自己的需要选择写或者不写。

（二）明确任务

师：我们这节课的任务是通过小组合作，制作一位组员从学校回家的路线图。那究竟制作谁的回家路线图，有哪些任务需要完成呢？听好下面的要求哦。

1. 每个组员说出自己家的位置，看看自己是否熟悉从学校回家的路线。组员商讨，选出远近适宜且能准确描述回家路线的同学，制作他的回家路线图。

2. 小组汇报制作哪位同学的回家路线图。

3. 6人小组具体分工如下：

(1) 描述/检查（1人）。描述自己从学校回到家的路线，可以采用"左转""右转""往前"等词汇，途中的一些特殊建筑物、设施等也要描述出来；等绘画及制图的同学完工后，检查是否有遗漏，绘制的路线是否准确。

(2) 记录。当1名组员在描述时，其余5名组员均需要根据描述绘出初步的路线图，并在旁边标注出途中的建筑物、设施等。

(3) 制图（1人）。将初步的路线图更加完美地画在卡纸上，注意适当放大，路线旁边留白以便装饰。

(4) 绘画（4人）。将描述中提到的建筑物、设施等画出来，大致有画、涂、剪等步骤。

(三) 开展活动

1. 小组合作，制作回家路线图。

(1) 其余5名组员先自由选择任务，若有组员选择重复或有些项目无人选择，则由组长分配。

(2) 负责描述路线的同学应尽可能详细地描述自己的回家路线，尽可能多地回忆途中的建筑物、设施等；负责记录的同学一定要仔细倾听，不遗漏任何一个细节和关键词。

(3) 当负责制图及绘画的同学工作时，负责记录的同学协助涂色。

2. 学生活动时，教师注意巡视，观察学生的合作情况，必要时给予适当的指导和帮助。

(四) 展示评价

1. 师：时间到，请每组负责描述的同学带着作品上前来。先介绍一下，你们组其余同学主要负责的工作是什么，再给大家展示画好的路线图等。

2. 小组汇报展示。

第二课时　组合路线图

(一) 明确任务

师：同学们，上节课通过小组合作，每一组都商量出了绘制某位同学的回家路线图，并且也制作了相应的路标建筑等。这节课我们要将这些装饰整合起来，组合成一张完整的地图，你们期待吗？下面我们再次进行分工。

① 描述/检查（1人）。看了上节课别的组制作的路线图，这样同学更加详细地描述了自己从学校回到家的路线，并做了适当的补充；最后路线图成品呈现后，该同学还要检验绘制是否准确，再进行修改和完善。

②记录。1名组员在描述时，其余5名组员完善已绘制的路线图，补充途中的建筑物、设施等。

③制图（1人）。修改所绘路线图，使其更加精致美观。

④绘画（3人）。将描述中补充的建筑物、设施等画出来，大致有画、涂、剪等步骤，已完成的路标可加以改进。

⑤组合（1人）。结合自己的记录，将组员制作的半成品进行组合，同时给路线图写上名称。

（二）开展活动

1. 小组合作，制作回家路线图。

（1）其余5名成员先自由选择任务，若有组员选择重复或有些项目无人选择，则由组长分配。

（2）负责描述的同学应尽可能详细地描述自己的回家路线，尽可能多地回忆途中的建筑物、设施等；负责记录的同学一定要仔细倾听，不遗漏任何一个细节和关键词。

（3）当负责制图及绘画的同学工作时，另外两位同学协助涂色。

（4）路线图完工后，请负责检查的同学从起点到终点都看一遍，检查是否准确、合理，同时考虑是否需要添加或修改。

（5）根据负责检查同学的意见，共同完善路线图。

2. 学生活动时，教师注意巡视，观察学生的合作情况，必要时给予适当的指导和帮助。

（三）展示评价

1. 师：时间到，请各组负责描述的同学带着作品上前来。先介绍一下，你们组其余同学主要负责的工作是什么，再给大家展示你们的回家路线图。

2. 小组汇报展示。

3. 师：看完了其他组的作品，同学们是不是在心里悄悄给他们打了分？请你拿出评价表，为其他小组的作品及他们的合作情况打个分吧。待会儿我们汇总所有的评价表，选出两个优秀作品奖，并颁发奖品。

4. 汇总评价结果，教师结合巡视时的观察结果，点评每一组的合作情况，评出优秀作品奖并颁发奖品。

（设计者：吕向萍）

【案例】我爱我家:《教学楼指示牌》的教学设计

一、教学目标

1. 通过小组合作,制作各个教学楼一楼和路口指示牌(根据班级数量情况分配相应的教学楼和路口,一个学年下来,可以把学校全部楼层的指示牌都记录完整)。
2. 在小组合作的过程中互相帮助,培养合作精神。

二、教学重点、难点

1. 教学重点:在合作学习的过程中体验合作学习的乐趣。
2. 教学难点:制作准确的各教学楼一楼和路口指示牌。

三、教学准备

1. 分组,明确组内成员的职责及活动区域。
2. 准备好自己组内活动所需要的工具包,内有彩笔、铅笔、橡皮、平板电脑等。
3. 每组1张小组合作学习评价表(表2)。

表2 小组合作学习评价表

组 名	学 习 成 果	小组合作学习	总 计

注:评价结果用"☆"表示,最高为5颗"☆"。

4. 每组1张学习单。

学习单的主要内容如下。

(1) 阅读(组长)。以4~5人为一组,在确定的教学楼层,带领小组走访,督促组员观察、记录,5分钟后回班级设计教学楼指示牌。

(2) 观察(2人)。拍摄或手绘指示牌粘贴位置。

(3) 设计(2人)。设计版面,进行完善与美化。

(4) 汇报(1人)。汇报小组负责的项目,进行成果展示。

(5) 每组准备好美术工具包,内有彩笔、铅笔、橡皮、学习单等。

(6) 记录信息,要求简洁明了(图4)。

图4 草图记录区

四、教学过程

第一课时 认识指示牌，观察学校楼层

（一）谈话导入

师：同学们，在超市、商场、医院等场所，我们经常会看到指示方向的牌子（图5）。

图5 指示牌

（二）认识指示牌

1. 师：这些指示牌上有哪些信息值得我们借鉴呢？

生：指向性、楼梯标识、教室、厕所等（图6）。

图6 教室方位指示牌

2. 师：这些信息对我们有什么帮助呢？

生：为我们寻找目的地指出了大致方位。

师：我们可以用箭头来表示大致方位，"←"表示在你的左边，"→"表示在你的右边，"↑"表示在你的前面，"↓"表示在你的后面。

3. 师：这些信息指示牌一般设置在什么位置？

生：设置在岔路口、楼梯、大门口等重要位置（图7）。

图7　指示牌的位置

4. 小结。

指示牌包含以下几方面信息：指示牌展示位置（如一楼楼梯口、岔路口）、指向的方向、对应的方向（如某年级、信息技术教室、厕所、餐厅等）。

（三）分组活动安排

1. 分组，明确组内成员的职责及活动区域（根据班级数量情况分配相应的教学楼和路口，一个学年下来，可以把学校全部楼层的指示牌都记录完整）。

2. 准备好自己组内活动所需要的工具包，内有彩笔、铅笔、橡皮、学习单等。

3. 结合学校的楼层示意图，制作我们自己的指示牌。

第二课时　走访楼层，设计指示牌

（一）开展合作

1. 走访楼层并将相关信息记录在学习单的草图区。

2. 阅读（组长）。以4～5人为一组，在确定的教学楼层，带领小组走访，督促组员观察。

3. 记录。5分钟后回班级设计楼层示意图。

4. 观察。拍摄或手绘指示牌粘贴位置。

5. 其他成员也可以提供意见和建议。

（二）返回教室并设计教学楼指示牌

1. 阅读。精简内容信息，力求简明扼要。

2. 观察。确定示意图的形式。

3. 设计。对色彩搭配、纸张大小等进行设计（美术老师巡视并指导学生色彩搭配）。

4. 其他成员也可以提供意见和建议。

（三）展示评价

1. 将每组成果张贴在黑板上。

2. 汇报。重点阐述与阅读、观察、设计有关的想法和应对方法。

3. 本小组对其他小组投票，评选出优胜作品。

4. 汇总所有的小组合作学习评价表，选出两个优秀作品奖，并颁发奖品。

5. 将最优秀的楼层示意图与改进、美化等要求及意见一起送广告公司制作成成品，然后粘贴到合理的位置。

师：我相信，等我们的成品出来以后，就不会再有外校的老师和家长在我们学校迷路了。

（设计者：吕国荣）

【案例】同里味道：《青团子》的教学设计

一、教学目标

1. 了解家乡的药草及用它制作的传统美食，小组合作制作青团子并展示成果。

2. 通过探究实践活动，学习和谐相处，体验合作学习的乐趣，养成合作意识，提升合作能力。

二、教学重点、难点

1. 教学重点：学习和谐相处，体验合作学习的乐趣。

2. 教学难点：小组合作制作青团子。

三、教学准备

1. 学生搜集艾叶的相关资料（图片、文字等）。

2. 教师利用艾叶的图片资料结合科学课对植物的教学制作成课件。准备艾叶、糯米粉、白开水。

四、教学过程

第一课时　认识艾叶，了解功效

（一）认识艾叶

1. 教师出示艾叶图片（图1）。

2. 学生观察图片，小组交流自己的发现。

3. 教师根据学生的回答出示艾叶的相关内容。

艾是菊科蒿属植物，多年生草本或略成半灌木状，植株有浓烈香气。主根明显，略粗长，直径达1.5厘米，侧根多。茎单生或少数，高80~150厘米。叶厚纸质，上面被灰白色短柔毛，并有白色腺点与小凹点。头状花序椭圆形，直径0.25~0.3厘米，无梗或近无梗。瘦果长卵形或长圆形。花果期在7—10月。

分布于蒙古、朝鲜、俄罗斯（远东地区）和中国；分布广，在我国除极干旱与高寒地区外，几乎遍及全国；日本有栽培。生于低海拔至中海拔地区的荒地、路旁、河边及山坡等地，也见于森林、草原等地区，局部地区为植物群落的优势品种。

图1　艾叶

全草入药，有温经、去湿、散寒、止血、消炎、平喘、止咳、安胎、抗过敏等作用。艾叶晒干捣碎得艾绒，制艾条供艾灸用，又可作印泥的原料。此外，全草可作杀虫的农药或薰烟作房间消毒。嫩芽及幼苗作菜蔬。艾晒干粉碎成艾蒿粉，是畜禽的优质饲料添加剂。还可以作天然植物染料用。

4. 学生结合自己搜集的资料和老师呈现的内容，说说自己感兴趣的内容，如艾叶的形状、生长环境、药用价值等。

（二）认识艾的根、茎、叶

1. 教师教授根、茎、叶知识（图2）。

根是植物的营养器官，负责吸收土壤里面的水分，溶解其中的无机盐，并且具有支持、繁殖、贮存、合成有机物质的作用。

茎具有输导营养物质和水分及支持叶、花和果实在一定空间的作用。有的植物的茎还具有光合作用、贮藏营养物质和繁殖的功能。

叶，是维管植物的营养器官之一，其功能是进行光合作用合成有机物，并有蒸腾作用，给根系提供从外界吸收水和矿物质营养的动力。

2. 学生在合作学习小组内讨论艾的根、茎、叶及其作用，并在艾草植株图片上标注各部分的名称。

图2 艾的根、茎、叶

第二课时 制作青团子

（一）教学准备

1. 学生准备围裙、护袖、厨师帽、艾叶粉、糯米粉、水、鸡蛋、肉松、红豆沙、白糖、猪油或玉米油、揉面盆、笼屉、相机。

2. 教师准备好上节课的内容，帮助学生复习旧知识引出新知识。

（二）教学过程

1. 快速回忆旧知识。

（1）忆一忆。

教师通过图片帮助学生快速复习艾叶的形状、作用。

学生在老师的指导下复习和自由讨论及交流。

（2）组一组。

教师组织小组合作，各小组成员共同讨论艾叶在馒头里的使用。

学生按照老师的要求讨论艾叶在馒头里的使用。

2. 做青团子。

（1）学一学。

教师结合图片和现场演示，讲解做青团子的步骤。（图3）

① 称取15克艾草粉，加入510～570克80 ℃左右的热水，用刮刀搅拌使艾草粉溶于水，随后加入糯米粉、澄粉、白糖、猪油或玉米油搅拌均匀，和成光滑的糯米粉团。

② 糯米粉团盖保鲜膜静置备用，接着做蛋黄肉松馅。

③ 将事先准备好的红豆沙分成若干份，每份25克左右。

④ 开始包馅儿。将糯米粉团分成35～40克的若干个剂子，在手中揉圆，做成窝状，把豆沙或蛋黄肉松馅儿放在窝里，用手团成球状。

⑤ 全部包完以后，放入蒸笼，大火把水烧开后，转中火蒸10分钟。煮熟后青团子的颜色就会变深，这是蒸熟以后的样子。

⑥ 千万不要蒸太久，否则青团子会不成型。
⑦ 出锅时抹上一层玉米油。

图3 青团子的制作过程

（2）做一做。

教师组织学生做好组内分工，辅助学生制作青团子，并给成品拍照。

学生动手制作青团子，边看边学边比画，可小组分工一人记一个步骤。画下制作过程，附上菜谱并共同品尝。

（三）学习评价

1. 小组分享作品。
2. 以小组为单位填表评价他组的合作学习成果（表1）。

表1 小组合作学习评价表

组 名	学习成果	小组合作学习	总 计

注：评价结果用"☆"表示，最高为5颗"☆"。

（设计者：陈卓贤）

【案例】同里味道:《粽子美食》的教学设计

一、教学目标

1. 引导学生了解端午习俗,培养学生的爱国情怀。
2. 通过合作学习体验合作学习的乐趣,养成合作意识,提升合作能力。

二、教学重点、难点

1. 教学重点:通过小组合作学习,体验合作学习的乐趣。
2. 教学难点:引导学生了解端午习俗,培养学生的爱国情怀。

三、教学准备

1. 教师准备关于粽子的文字资料、图片,制作粽子食品的菜谱。
2. 学生6人一组,拍好粽子制作过程的照片。

四、教学过程

第一课时 了解端午习俗,学习粽子故事

(一)谈话导入

1. 师:同学们,今天老师带来了很多谜语,请大家猜一猜?(PPT出示谜语)

(1)生在青山青朵朵,爬岩爬坎去找我。找到回家吃饱饭,拿棵草草拴住我。

(2)珍珠玉粒女,嫁了穷夫竹叶郎。

(3)有棱有角,有心有肝。一身清贫,半世煎熬。

(4)三角四楞长,珍珠里面藏。想尝珍珠味,解带剥衣裳。

2. 学生回答。

3. 出示图片(图1)。

4. 师:同学们都很厉害,一下子就猜出了谜底。那你们对粽子的了解有多少呢?

预设:

(1)端午节吃粽子。

(2)粽子是用苇叶把糯米包住扎成的三角锥体食品。

(3)粽子有很多口味,我最喜欢吃蛋黄肉粽。

(4)粽子一次不能吃太多,会消化不良。

5. 教师小结:同学们的课外知识真丰富,通过同学们的介绍,我们对粽子又有了新的认识。

图1 粽子

(二) 了解粽子

下面让我们一起深入了解粽子吧。

1. 组长领取阅读材料,每个小组选一个特点。

2. 组内分工合作,完成表格(表2)。

表2 粽子的特点

	_____组
粽子的特点	

3. 代表汇报交流,组员补充。

(1) 形态样式。

因地区不同,粽子从材料到粽叶都有着很大的差别,连形状也有很大的不同。如早期盛行以牛角祭天,因此汉晋时的粽子多做成角形,作为祭祀用品之一。此外,粽子通常还有正三角形、正四角形、尖三角形、方形、长形等各种形状。

由于各地的饮食习惯不同,粽子形成了南北风味,而以浙江嘉兴出产的粽子最为有名。

南方粽子的代表品种是广东粽子,广东粽子的形状有金字塔形、条形、三角锥形等。广东粽子的品种主要有咸肉粽、枧水粽、豆沙粽等,其中咸肉粽最受欢迎。咸肉粽主要用糯米、五花肉和绿豆做成,有的还会加入咸蛋黄、冬菇、虾米、瑶柱、栗子、花生等调配为馅,口味咸、鲜、香,风味更佳。

江南的粽子名声最盛,做法也复杂,尤其是馅,变化多样。和北方粽子的一个重大差异是,江南粽子的糯米原料多预先用稻草灰汤浸渍,与肉馅相蒸,香味扑鼻。如湖州粽呈特有的长条形,形似枕头,故有"枕头粽"之称。又因其身形瘦长,中间凹、两头翘,颇具线条美,小巧优雅,故有人戏称其为"美人粽"。湖州粽基本都是纯手工制作,很是考究;用料亦多种多样,如加入鲜肉、豆沙、蛋黄等。现今湖州有名的粽子品牌有"震远同""诸老大"等。

北方的粽子多用糯米制作,蘸白糖或红糖食用。

(2) 制作方法。

① 粽馅的调味。

咸肉粽要先将新鲜的猪肉用少许味精、白糖、酒、盐、生抽拌匀,反复揉擦至调味品渗入猪肉。

② 粽叶的选材。

用于包粽子的叶子因地而异，南方多用箬竹叶或者苇叶。我国海南岛地区还会使用岭南特有的一种植物——柊的叶子作为粽叶，其形状通常是三角形，呈角锥状或方锥状。中原地区用于包粽子的叶子多为槲叶，包出来的粽子呈长方形。

③ 粽子的捆扎。

豆沙粽不宜捆得太紧，防止米粒挤进豆沙中，如果煮不透会出现夹生现象。咸肉粽如果用肥猪肉做馅就不宜扎紧，松紧适度即可。如果用瘦猪肉做馅就要扎紧，因为瘦肉熟了以后会收缩，粽馅的肥汁会漏入水中，不能保持粽子的肥糯。

④ 粽子的烹煮。

煮粽子一定要等水滚以后才能落粽子，水要没过粽面，待重新滚起以后再用旺火煮3个小时左右即可。在煮粽子的过程中不要添生水。要注意视水粽不能和其他粽子一同煮。粽子煮好以后要趁热取出。吃时打开粽叶，粽香扑鼻，入口油而不腻，糯而不黏，咸甜适中，香嫩鲜美，是为上品。

（3）食用禁忌。

粽子不宜冷食，一定要趁热食。粽子的主料是糯米，支链淀粉含量高。糯米加热后，支链淀粉会糊化，有利于被消化酶分解，更易消化。而一旦冷却，淀粉会老化回生，分子间凝固力加强，不容易被消化。

吃粽子时最好伴以茶水，以帮助吞咽和消化。粽子也要有节制地食用，可选择迷你粽子。

吃粽子时搭配凉拌青菜、水果沙拉等，可以缓解肠胃不适。有胃病的人吃粽子宜选白米粽，别蘸糖，不要吃得太甜。有胆结石、胆囊炎和胰腺炎的患者，不要吃肉粽、蛋黄粽等脂肪或蛋白质含量较高的粽子。

（4）与食物的搭配。

超甜的粽子，如枣泥粽、豆沙粽等，配以薄荷茶、绿茶，能增进葡萄糖的代谢，清热去腻。特别油腻的粽子，如鲜肉粽、火腿粽、香肠粽等，配以普洱茶、菊花茶、山楂茶，能帮助消化。

吃完粽子后再吃点木瓜、菠萝等清甜消食的水果，既美容又助消化，还能消除吃完粽子后嘴里的油腻感。

（三）探究粽子的起源

1. 师：同学们已对粽子有了深入的了解，那有没有同学知道粽子的来历呢？

2. 预设：粽子是祭祀爱国诗人屈原的。

【补充资料】

五月初五是端午节，这一天民间有吃粽子的习俗，传说是为了纪念战国时期楚国大臣屈原。

屈原是我国伟大的爱国主义诗人，他积极主张楚国联合齐国抗击秦国，但他的意见没有被采纳，自己也被罢了官，发配到边远的地方。楚国快要灭亡时，公元前278年五月五日这一天，屈原投汨罗江自杀。

屈原投江后，楚国人民为了不让江里的鱼虾鳖蟹吃屈原的尸体，就往江里投好吃的食物。这样年复一年就形成了一个传统：每逢五月初五这一天，人们便把食物投到江里祭祀屈原。

一天晚上，有位老人梦到屈原，就问他："我们给您投去那么多的食物，您吃到没有？"屈原说："你们送给我的饭，都让那些鱼虾鳖蟹吃了。"老人问："怎样才不会被它们吃掉呢？"屈原说："你们用竹叶把饭包起来，做成菱角形的尖角粽子，它们以为是菱角就不敢抢着吃了。"第二年的端午节，人们就照着屈原说的话，向汨罗江里投下尖角粽子。

（四）了解端午习俗

1. 同学们，端午节除了吃粽子之外，还有哪些习俗呢？
2. 预设：赛龙舟，放风筝。
3. 组长领取阅读材料，每个小组选一个习俗，再次阅读。组内分工合作，完成表格（表2）。

表2 端午习俗表

	_____组
端午习俗	

4. 小组代表汇报交流，组员补充。

（1）赛龙舟。

相传起源于古时楚国人因舍不得贤臣屈原投江死去，许多人便划船追赶拯救。他们争先恐后，追至洞庭湖时却不见屈原的踪迹。之后每年五月初五人们便会划龙舟，目的是借划龙舟驱散江中之鱼，以免鱼吃掉屈原的尸体。端午节竞渡的习俗，盛行于战国时期的吴国、越国、楚国。其实，据闻一多先生的《端午考》考证，距屈原投江千余年前，划龙舟之习俗就已存在于吴越水乡一带，目的是通过祭祀图腾——龙，祈求避免当地常见的水旱之灾（图2）。

(2) 插艾草和菖蒲。

在端午节，人们把插艾草和菖蒲作为重要的节日内容。这一天，家家都会洒扫庭除，以艾草、菖蒲插于门楣或悬于堂中。

图2　龙舟竞渡

艾草寓意为招百福，是一种可以治病的药草。古人认为将艾草插在门口，可使身体健康。菖蒲是多年生水生草本植物，它狭长的叶片里含有挥发性芳香物质，是提神通窍、健骨消滞、杀虫灭菌的药物。菖蒲的叶片呈剑形，插在门口可以避邪，所以古代方士称它为"水剑"，后来的风俗则引申为"蒲剑"，认为可以斩千邪。

(3) 佩香囊。

佩香囊是端午传统习俗之一。香囊内通常会填充一些具有芳香气味、有助于开窍的中草药，有清香、驱虫、避瘟、防病的功效。在端午节这天，百姓以四色线系臂并佩戴小巧玲珑、精致可爱的香囊（图3）。

端午节小孩佩香囊，传说有避邪驱瘟之效。

图3　端午香囊

(4) 放风筝。

在中国南方一带城市，端午节放风筝也是一种习俗（图4）。在端午节这一天，儿童放风筝被称为"放殃"。风筝，即纸鸢，是一种玩具，在竹篾等骨架上糊上纸或绢，拉着系在上面的长线，趁着风势可以放上天空，是一种单纯利用空气动力的飞行器。

图4　放风筝

（四）做一做

1. 同学们，精彩的一瞬间总是转瞬即逝，现在让我们一起动手制作端午节手抄报，把美好留存下来。

2. 教师展示范例，强调注意事项（要有端午元素，端午习俗）。

3. 小组分工合作，每个组分配好图画员、花边框员、写文字员、设计员。

4. 教师巡视指导。

5. 展示作品（图5）。

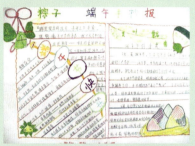 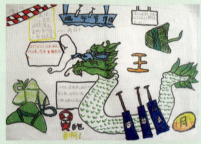

图5　端午节手抄报

（五）评一评（评出最有特色的手抄报）

学生自我评价和小组评价。教师应在学生的参与过程中适时给予肯定、鼓励和赞扬，关注学生的发展差异，注重发展学生的潜能，做好相关记录（表3）。

表3　小组合作学习评价表

组　名	学习成果	小组合作学习	总计

注：评价结果用"☆"表示，最高为5颗"☆"。

第二课时　制作粽子

(一) 分享美食资料

组长分工，组内合作，根据课前收集的材料，完成表格（表4）。

表4　粽子的种类及特点

	_____组
粽子	
粽子的种类及特点	

1. 广东粽子。南为粽子的代表品种，除鲜肉粽、豆沙粽外，还有用咸蛋黄做成的蛋黄粽，以及用鸡肉丁、鸭肉丁、叉烧肉、蛋黄、冬菇、绿豆蓉等调配为馅料的什锦粽。

2. 闽南粽子。厦门、泉州的烧肉粽和碱水粽皆驰名海内外。

3. 宁波粽子。浙江宁波粽子多为四角形，有碱水粽、赤豆粽、红枣粽等品种。

4. 嘉兴粽子。浙江嘉兴粽子历史悠久，有三角形和长方形，有鲜肉粽、豆沙粽、八宝粽等品种。

5. 苏州粽子。苏州粽子多为长而细的四角形，有鲜肉粽、枣泥粽、豆沙粽等品种，具有配料讲究、制作精细等特色。

6. 四川粽子。四川人嗜辣，所以粽子也有甜辣之分。四川的辣粽制作讲究，工艺复杂，口味独特。

7. 海南粽子。与北方的粽子不同，海南粽子用芭蕉叶包裹而成，呈方锥形，重约0.5千克，馅料有咸蛋黄、叉烧肉、腊肉、红烧鸡翅等。

8. 北京粽子。北京粽子是北方粽子的代表品种，其个头较小，为斜四角形，多以红枣、豆沙做馅，少数也用果脯为馅。

9. 山东粽子。山东粽子选用黄黏米包裹而成，夹以红枣，口感黏糯，风味独特。

10. 台湾粽子。台湾粽子带有浓郁的闽南风味，品种甚多，有白米粽、绿豆粽、叉烧粽、八宝粽、烧肉粽等。

另外，还有贵州的酸菜粽、西安的蜂蜜凉粽、苏北的咸蛋粽、上海的咸味粽、云南的火腿粽等。

（二）观看粽子制作视频

1. 粽子制作视频讲解。

（1）食材明细。

主料：糯米 200 克。

辅料：蜜枣几颗。

（2）粽子的制作过程（图6）。

图6　粽子的制作过程

① 圆形糯米提前一晚上泡开，沥掉水分，新鲜的粽叶冲洗干净。

② 一片大的粽叶或者两片小的粽叶叠在一起，绕一个圈。

③ 在粽叶圈里放上适量糯米，然后放一颗蜜枣。

④ 在上面盖上一点糯米。

⑤ 如果想包长形粽子，先把粽叶的两侧折向中间。

⑥ 将上面的粽叶翻折下来。

⑦ 然后用棉线顺着长边捆扎结实。

⑧ 将粽子放进电饭煲里，煮40分钟左右即可（图7）。

图7　蜜枣粽子成品图

(三)合作制作花样粽子

1. 小组成员讨论要设计的花样粽子。
2. 组内分工:设计菜名,准备食材,确定做法。
3. 小组成员讨论确定后,完成表格(表5)。

表5 菜谱

第_____组	
菜名:_____	
食材	
做法	

(四)分享与评价

1. 组内分享,说说粽子的制作过程。
2. 组员展示自己包的粽子,并交流制作步骤;记录员做好记录。
3. 教师巡视并指导。
4. 评出组内最佳粽子、最有创意粽子(粽子的制作步骤表达清楚,粽子制作最有创意)(表6)。

表6 小组合作学习评价表

组 名	学习成果	小组合作学习	总计

注:评价结果用"☆"表示,最高为5颗"☆"。

(设计者:李晓文)

【案例】文娱广场:《字的名片》的教学设计

一、教学目标

1. 观察了解文字知识,知道象形字的由来,能够自己创作出新的字的名片。

2. 通过小组合作体验合作学习的乐趣,养成合作意识,提升合作能力。

二、教学重点、难点

1. 教学重点:通过小组合作体验合作学习的乐趣。

2. 教学难点:学生创作出新的字的名片。

三、教学准备

1. 教师准备:多媒体课件,二年级语文课本、白纸、尺、铅笔、橡皮、勾线笔。

2. 学生每4人一组。

四、教学过程

(一)导入

1. 展示有创意的象形字图像(图1)。

图1 象形字

2. 猜一猜:这些象形字分别对应现在的哪些汉字?

3. 今天,让我们一起走进《字的名片》,去感受文字的艺术。

(二)知识讲授阶段

1. 认识象形字。

(1)有关自然现象的甲骨文(图2)。

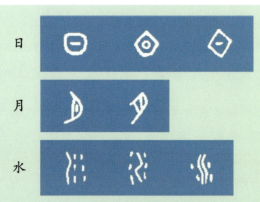

图 2　有关自然现象的甲骨文

(2) 有关人的甲骨文（图 3）。

图 3　有关人的甲骨文

(3) 当代的书法象形字（图 4）。

图 4　当代书法象形字

(4) 有趣的带图画的民间艺术字（图 5）。

图 5　有趣的带图画的民间艺术字

2. 游戏小活动。

说说下面的象形字是怎样演变为汉字的。（每小组互相讨论）

(1) 通过简化嘴巴的形状形成"口"字（图6）。

(2) 具有明显的事物形象特征（图7）。

图6　象形字"口"　　　　图7　象形字"牛""雨"

(3) 具有明显的形状和个性特征（图8）。

图8　趣味象形字

(三) 小组合作设计

老师提供几个字：车、鱼、林、家、云、河、网、伞。

1. 分工安排如下（每4人一组）。

(1) 每组从老师提供的字中选择一个字。

(2) 两位同学找出文字的特征。

(3) 一位同学设计。

(4) 一位同学画。

2. 操作。

(四) 分享与评价

1. 小组分享作品。

2. 以小组为单位填表评价他组的学习成果（表1）。

表1　小组合作学习评价表

组　名	学习成果	小组合作学习	总计

注：评价结果用"☆"表示，最高为5颗"☆"。

（设计者：张思成）

【案例】文娱广场：《飞行棋》的教学设计

一、教学目标

1. 学习棋类游戏，激发学生对棋类游戏的兴趣，在游戏中理解规则，遵守规则。

2. 通过小组合作体验合作学习的乐趣，养成合作意识，提升合作能力。

二、教学重点、难点

1. 教学重点：通过小组合作体验合作学习的乐趣。

2. 教学难点：有举一反三的意识，启发多种游戏的玩法。

三、教学准备

1. 全班分组，每6人为一小组。

2. 准备PPT展示的飞行棋棋盘。

3. 组织学生讨论学习已有的校规和班规。

4. 小奖品若干。

四、教学过程

（一）导入部分

课堂常规：师生问好，步入课堂。

教与学的方法（导入语）：你们平时在家里学习完以后，会做些什么？都会下什么棋呢？

(二) 认识飞行棋

认识棋盘、棋子，了解下棋的规则（怎么玩）。

(三) 了解其他形式的飞行棋

看PPT了解其他形式的飞行棋，了解更多的棋盘。

(四) 教室飞行棋

1. 引导学生观察：我们今天的座位与平时有什么不同？
2. 看PPT，引导学生说说这盘棋我们可以怎么走。
3. 根据棋盘，我们可以制定一个什么样的游戏规则？
4. 展示校规和班规，小组讨论。

(五) 游戏

1. 游戏方法。

游戏分成红、黄两方进行，当老师宣布游戏开始时，每组的第一个同学到投掷区掷骰子，掷到"4"以上的数字时就可以起飞，起飞后再掷一次，由掷骰子的同学按照掷的数字走步，完成走步后回到座位，拍后面一个同学的手，接到拍手的同学跑到投掷区掷骰子，依此类推。当飞机到达加油站时，不管掷的数字是多少，飞机只能停在加油站贴笑脸，完成后，回到座位，拍手传给后一个同学继续，依此类推，直至老师宣布游戏结束，评选出获胜队。

2. 游戏规则。

(1) 每人只能掷一次骰子，按骰子掷的数字走步，回座位后拍后一个同学的手，后一个同学必须在接到拍手后才能跑去掷骰子。

(2) 棋子走完全程后，必须在加油站贴笑脸，表示加满油，再传给后一个游戏者掷骰子，只有在骰子掷到"4"以上的数字时才能起飞，依此类推。

(3) 掷到"6"或"1"时，可抽取机会卡一次。

(4) 如果有破坏游戏纪律的，则要抽取惩罚卡一张，接受惩罚。

(5) 老师宣布游戏结束，以飞行棋上贴笑脸多的队为胜。

(六) 大胆创新，开发游戏

1. 组内设计。

根据游戏规则和老师提供的飞行棋图（图1），学生每6人一组，其中1人负责解释游戏规则，3人负责设计富有小团体特色的游戏规则（友情提示：可以根据已有班规或者组规制定奖惩规则），2人负责展示小组设计成果。

图1 飞行棋图

2. 全班交流。

(1) 各小组宣读并展示自己小组的设计成果。

(2) 各小组对他组所有作品进行投票并填写表格(表1)。

表1 小组合作学习评价表

组　名	学习成果	小组合作学习	总计

注：评价结果用"☆"表示，最高为5颗"☆"。

(3) 给票数高的小组颁发奖品。

(设计者：陆文强)

【案例】悦读天地:《逃家小兔》的教学设计

一、教学目标

1. 学生进行多种形式的小组合作阅读,从而养成良好的合作意识,提升合作能力。

2. 学生能从兔子妈妈和小兔子的对话中体味母子亲情。

二、教学重点、难点

学生进行多种形式的小组合作阅读,从而养成良好的合作意识,提升合作能力。

三、教学准备

(一)内容导读

一只小兔子为了试探自己在母亲心中的地位而离家出走,当小兔子要和母亲玩捉迷藏时,兔子妈妈不仅没有生气,反而很宠爱小兔子。

(二)背景资料

1. 作者玛格丽特·怀兹·布朗(Margaret Wise Brown)是美国图画书界的先驱性人物(表1)。

表1 《逃家小兔》图书信息

书名:逃家小兔	作者:[美]玛格丽特·怀兹·布朗
出版社:团结出版社	翻译:任艳红
出版时间:2020年	适用年级:一年级

2. 布朗一生为孩子写作,她的文字美好而温暖。除《逃家小兔》外,还有《小岛》《晚安,月亮》《重要书》等作品。

3. 《逃家小兔》入选美国全国教育协会"教师们推荐的100本最佳童书",并入选《AB书商周刊》"20世纪100本最佳读物"。

4. 活动中心。

(1)发现中心:为故事片段排序。

(2)阅读中心:说故事情节。

(3)艺术中心:画想象的一个场景。

(4)表演中心:分饰角色,演故事。

(5)媒体中心:选择适合这个故事的背景音乐。

(6)表达中心:续编故事。

四、教学过程

（一）集体教学（5分钟）

教师通过《逃家小兔》一书的封面等介绍作者和作品，引出阅读主题。

1. 今天我给同学们带来一本十分有趣的绘本，大家想看吗？（出示封面）不要小看这本书哦，它入选了美国全国教育协会"教师们推荐的100本最佳童书"呢。

2. 从封面中你们看到了什么？先看文字，书名是"逃家小兔"，什么叫"逃家"？（从家里逃走的一只调皮的兔子）作者玛格丽特·怀兹·布朗，她是一位非常优秀的作家，她的每个故事都会给我们温暖、美好的感觉。封面上还有"任艳红译"字样，说明这本书的翻译者是任艳红，是他把这本书从英文翻译成中文的，让我们中国人能看懂，出版社是团结出版社。

3. 再看看图画，你们看到了什么？这是兔子妈妈和小兔子。

4. 接下来，就让我们一起走进这个家喻户晓的故事，看看兔子妈妈和小兔子之间有着怎样的故事吧。

（二）学习中心（15分钟）

各小组根据任务单合作完成学习中心的任务，教师适时指导。

1. 发现中心。

（1）连一连：根据故事的内容连线。

小兔子变成	兔子妈妈就变成
山上的大石头	捕鱼的人
马戏团里的空中飞人	树
小男孩	妈妈
小鸟	走钢索的人
小鳟鱼	爬山的人

（2）读一读：轮读连成线的句子。

2. 阅读中心。

（1）读一读：小兔子把自己变成了什么？聪明的妈妈会想到用什么办法来追到小兔子？

（2）贴一贴：给出贴图，让学生按顺序到黑板上来贴相应的图片。

小兔子→＿＿＿→＿＿＿→＿＿＿→＿＿＿→＿＿＿→

妈妈　→＿＿＿→＿＿＿→＿＿＿→＿＿＿→＿＿＿→

3. 艺术中心。

（1）画一画：读第14~16页的内容（"如果你变成一个登山的人，"小兔说，"我就变成番红花，藏在花园里。""如果你变成藏在花园里的番红花，"妈妈说，"我就变成一个园丁。我会找到你的。"），选择画其中某个事物。

(2) 想一想：你为什么选择画这个事物？

4. 表演中心。

(1) 读一读：阅读第18~26页的内容。（"如果你变成园丁找到了我，"小兔说，"我就变成小鸟，飞离你。""如果你变成一只鸟，"妈妈说，"我就变成一棵树，你还是飞回树上的家。""如果你变成一棵树，"小兔说，"我就要变成一艘小帆船，驶离你。""如果你变成一艘小帆船，"妈妈说，"我就变成风，把你吹到我想让你去的地方。"）

(2) 分一分：4位组员分配角色，分别饰演小鸟、树、帆船、风。

(3) 练一练：加上动作读一读台词。

(4) 演一演：小组合作演出绘本内容。

5. 媒体中心。

(1) 选一选：听三个音乐片段，选择适合绘本的音乐作为配乐。音乐片段网址如下：

http://music.163.com/song/60525?userid=1328322553

http://music.163.com/song/36894929?userid=1328322553

http://music.163.com/song/4978801?userid=1328322553

(2) 说一说：为什么选择这段音乐？

(3) 读一读：配上这段音乐，读一读第4~12页的内容。（"如果你追我，"小兔说，"我就变成一条小鳟鱼，从你身边游走。""如果你变成一条鳟鱼，"妈妈说，"我就变成一个渔夫，把你捉住。""如果你变成一个渔夫，"小兔说，"我就变成高山上的一块石头，在你上面。""如果你变成高山上的一块石头，"妈妈说，"我就变成一个登山的人，爬到你所在的地方。"）

6. 表达中心。

(1) 读一读：体会绘本的语言形式。

"如果你来追我，"小兔说，"我就变成<u>一条鳟鱼，从你身边游走</u>。"

"如果你变成<u>一条鳟鱼</u>，"妈妈说，"我就变成一个渔夫，把你捉住。"

(2) 说一说：小兔子还会继续逃下去吗？它和妈妈会变成什么？

"如果你来追我，"小兔说，"我就变成<u>一条蚯蚓，钻进土里</u>。"

"如果你变成<u>蚯蚓</u>，"妈妈说，"我就变成_____。"

"如果你变成_____，"小兔说，"我就变成_____。"

"如果你变成_____，"妈妈说，"我就变成_____。"

（三）成果分享（15分钟）

各小组以发现中心、阅读中心、艺术中心、表演中心、媒体中心、表达中心为顺序进行成果分享。

（四）小组评价（5分钟）

各小组对其他组的合作学习进行评价并填写下表（表2）。

表2 小组合作学习评价表

组名	学习成果	学习合作过程	总计

注：评价结果用"☆"表示，最高为5颗"☆"。

五、设计说明

（一）内容选择

《逃家小兔》不是我读的第一本绘本，却是第一本深深打动我的绘本。故事简单而温暖，对话富有韵味，情节极具游戏特色，在游戏般的变化中小兔感受到了浓浓的母爱，也让我们感受到了浓浓的亲情。

（二）教学方法

讲授法、讨论法、读书指导法、情景教学法。

（设计者：陆菲）

【案例】悦读天地：《笨狼的故事》的教学设计

一、教学目标

1. 小组合作阅读，分享阅读乐趣，从而养成合作意识，提升合作能力。
2. 通过阅读加深对作品的理解，获得情感的熏陶，享受阅读的乐趣。
3. 学生能从故事中感受到合作学习的乐趣。

二、教学重点、难点

1. 教学重点：小组合作阅读，分享阅读的乐趣。
2. 教学难点：通过阅读加深对作品的理解，获得情感的熏陶。

三、教学准备

（一）内容导读

笨狼信不过花背鸭，自己去图书馆借了游泳的书，在浴缸里学。它以为自己学会了，就来到游泳馆。结果掉进了水里，多亏花背鸭救了它。

（二）背景资料

1. 作者。

汤素兰，女，湖南宁乡人。中国作家协会会员，一级作家，教授。全国政协委员，民进湖南省副主委。代表作有"笨狼的故事"系列、"小朵朵开心奇遇"系列、"酷男生俱乐部"系列等。曾获中国作家协会全国优秀儿童文学奖、冰心儿童文学新作奖、海峡两岸童话征文佳作奖、全国优秀少儿读物二等奖、陈伯吹儿童文学奖、宋庆龄儿童文学奖、张天翼童话寓言奖、湖南省青年文学奖、毛泽东文学奖等荣誉奖项。

2. 活动中心。

（1）发现中心：在书的相应位置找到相关信息（表1）。

表1

书名：笨狼的故事	作者：汤素兰
出版社：浙江少年儿童出版社	出版时间：2008年
适用年级：三年级	

（2）阅读中心：阅读《学游泳》并复述故事。

（3）艺术中心：画一个场景。

（4）表演中心：表演笨狼学游泳。

（5）媒体中心：收集图文资料，了解汤素兰的更多作品。

（6）表达中心：以他人的口吻告诉笨狼应该怎样学游泳。

四、教学过程

（一）全班教学（5分钟）

1. 集体教学。

教师介绍作者和作品，引出阅读主题。

2. 学习中心。

各小组根据任务单，合作完成学习中心的任务，教师适时予以指导。

3. 成果分享。

各小组以发现中心、阅读中心、艺术中心、表演中心、媒体中心、表达中心为序进行成果分享。

(二) 学习中心 (15分钟)

各小组根据任务单合作完成学习中心的任务,教师适时予以指导。

1. 发现中心。

(1) 翻阅《笨狼的故事》,根据书籍赏识卡找到相关信息并填空。

①《笨狼的故事》的作者是(　　　　),(　　　　)人,代表作有(　　　　)系列、(　　　　)系列、(　　　　)系列等。

② 看书的封面,你知道了《笨狼的故事》是由(　　　　)出版社出版的。

③ 通过阅读这本书的目录,你知道了《笨狼的故事》一书一共有(　　　　)个故事,其中第(　　　　)个故事就是《学游泳》。

④ "笨狼的故事"系列一共有(　　　　)本书,除了《笨狼的故事》之外,还有《　　》《　　》《　　》。

2. 阅读中心。

(1) 自读《学游泳》。

(2) 完成填空后想一想:笨狼在家学会游泳了吗?

其实笨狼并没有_____,因为他一直也没发觉_____,只是他以为自己学会了游泳。

(3) 根据故事大纲,用自己的话说说《学游泳》的故事。

① 夏天来了,笨狼想学游泳。

② 笨狼不要花背鸭教,借来书籍,在浴缸里练习游泳。

③ 笨狼以为自己会游泳了,向青蛙小姐炫耀,结果落进了游泳池。

④ 笨狼被花背鸭救上来,把书扔进了游泳池。

⑤ 毛驴伯伯惩罚了笨狼损坏书籍的行为。

⑥ 笨狼终于学会了游泳。

3. 艺术中心。

(1) 听《学游泳》故事的录音。

(2) 把自己听到的印象深刻的内容画下来。

(3) 说说你为什么这么画。

4. 表演中心。

(1) 阅读剧本《笨狼学游泳》。

(2) 按照剧本要求分配角色,自读台词。

(3) 小组合作串联台词。

(4) 排演情景剧。

5. 媒体中心。

(1) 听《学游泳》的故事。

(2) 观看媒体介绍,认识汤素兰,了解《笨狼的故事》。

(3) 组内交流,除了《笨狼的故事》以外,你还对汤素兰的哪些书感兴趣?

6. 表达中心。

(1) 自读《学游泳》。

(2) 选择一个自己喜欢的角色,以它的口吻告诉笨狼应该怎样学游泳,并写下来。

(三) 成果分享(20分钟)

1. 各小组按照发现中心、阅读中心、艺术中心、表演中心、媒体中心的顺序进行成果分享。

2. 各小组汇报后,其他小组填写小组合作学习评价表(表2)。

表2 小组合作学习评价表

组名	学习成果	小组合作学习	总计

注:评价结果用"☆"表示,最高为5颗"☆"。

(设计者:张怡)

【案例】悦读天地:《了不起的狐狸爸爸》的教学设计

一、教学目标

1. 阅读故事,理解狐狸先生的智慧、坚强和自信。

2. 通过小组合作阅读,体验合作学习的乐趣,从而养成良好的合作意识,提升合作能力。

二、教学重点、难点

1. 教学重点：小组合作阅读，体验合作学习的乐趣。
2. 教学难点：阅读故事，理解狐狸先生的智慧、坚强和自信。

三、教学准备

（一）内容导读

博吉斯、邦斯和比恩憎恨狐狸先生，三个人拿着枪，阴险地等在狐狸先生的洞外，决定把他全家除掉。狐狸先生自有对付他们的妙计！一场智慧和力量的较量开始了。这就是三个凶狠贪婪的饲养场主和狐狸一家追捕与反追捕的故事。

（二）背景资料

1. 文字作者是英国的罗尔德·达尔（Roald Dahl）（表1）。

表1 《了不起的狐狸爸爸》图书信息

书名：了不起的狐狸爸爸	作者：［英］罗尔德·达尔
出版社：明天出版社	翻译：代维
出版时间：2009年	适用年级：三年级

2. 罗尔德·达尔认为动物及小动物们所蒙受的不白之冤是人类骄横自大的一种表现，人类的丑恶、残暴、凶狠、狡猾、奸诈比动物——无论多么凶残的、强大的——都表现得要充分得多得多。假如每个可爱的孩子在出生以后，首先能看到的是这些优秀的儿童文学作品，他们才有可能具有与大自然、动物和平共处的优秀品德，并热爱它们。人应该先学会爱，而不是恨。如果一个人已经对某种动物充满仇恨，再让他去学习爱这种动物的本领是何等艰难呀！

3. 活动中心。

（1）发现中心：发现狐狸爸爸和印象中的狐狸的不同。

（2）阅读中心：了解故事情节，体会狐狸爸爸的性格特征。

（3）艺术中心：选一个你喜欢的人物画一画，说说自己喜欢这个人物的原因。

（4）表演中心：表演狐狸爸爸和饲养场主之间追捕的情节。

（5）媒体中心：选择适合这个故事的背景音乐。

（6）表达中心：续编故事。

四、教学过程

（一）全班教学（5分钟）

1. 今天，老师给你们带来了一位朋友，谁呢？（出示《了不起的狐狸爸

爸》一书的封面)

2. 从封面中你们看到了什么？猜一猜，他们之间会发生什么事情呢？结果会怎么样？狐狸爸爸在干什么？先看文字，书名是"了不起的狐狸爸爸"，这本书的文字作者是英国作家罗尔德·达尔，他三度获得爱伦·坡文学奖，获得英国白面包儿童图书奖、英国儿童图书奖、德国青少年文学奖、世界奇幻文学大会奖，是英国读者票选战胜 J. K. 罗琳（J. K. Rowling）的当代文学大师。达尔的一生充满传奇：第二次世界大战期间做过飞行员，曾出使美国，工作性质近乎间谍，娶了一位曾获得奥斯卡金像奖的明星为太太。因为太太中风，达尔摸索出了一套革命性的疗程，帮助中风患者康复。他自学成为美术收藏家、鉴赏家、古董家具专家、美酒专家及种兰专家，并且曾为 007 系列电影写剧本《你只能活两次》（You Only Live Twice）。

3. 我们再一起来看看封面，上面还画了什么？对啊，一位狐狸爸爸。老师提出疑问：为什么称狐狸爸爸是"了不起的爸爸"？我们一起来好好阅读故事吧。

（二）学习中心（15分钟）

各小组根据任务单，合作完成学习中心的任务，教师适时予以指导。

1. 发现中心。

读了故事以后，你觉得文中的狐狸爸爸和你印象中的狐狸一样吗？

2. 阅读中心。

(1) 自读《了不起的狐狸爸爸》，你认为狐狸爸爸是个怎样的爸爸？为什么？

(2) 组内交流，用几个词语来形容狐狸爸爸，并填入下面的概念图（图1）。

图 1　狐狸爸爸概念图

(3) 小组讨论：你觉得狐狸爸爸该不该"偷"饲养场主的东西呢？为什么？

(4) 把观点记录在下面的方框内（图2）。

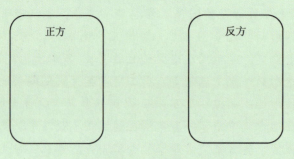

图2 讨论记录

3. 艺术中心。

(1) 画一画：选择一个你喜欢的人物画一画。

(2) 请你说说喜欢这个人物的原因。

4. 表演中心。

(1) 阅读故事的第8~16自然段。

(2) 分角色：2名学生读旁白，其他4人分别扮演狐狸爸爸、3个农场主进行朗读。

(3) 加上动作表演狐狸爸爸和3个农场主之间的追捕情节。

5. 媒体中心。

(1) 自读故事的第8~16自然段，了解狐狸爸爸和3个农场主之间的追捕情节。

(2) 从3段音乐中选一段作为第8~16自然段的背景音乐，并说明理由。音乐片段网址如下：

https://www.tukuppt.com/muban/lwpodynw.html

https://www.tukuppt.com/muban/qpepjapz.html

https://www.tukuppt.com/muban/lgameobe.html

(3) 配上所选的音乐片段，分角色朗读第8~16自然段。

6. 表达中心。

(1) 小组合作，展开合理的想象，续编故事。

十几天过去了，还不见狐狸一家人的影子，3个农场主感到莫名其妙，他们想……

(2) 把自己说的部分简单记下来。

（三）成果分享（20分钟）

1. 各小组以发现中心、阅读中心、艺术中心、表演中心、媒体中心、表达中心为序进行成果分享。

2. 各小组汇报后，其他中心的小组填写该小组合作学习评价表（表2）。

表2 小组合作学习评价表

组 名	学习成果	小组合作学习	总计

注：评价结果用"☆"表示，最高为5颗"☆"。

（设计者：柳雪花）

三、基于学习中心的校本课程实践

（一）学习中心设置

合作学习特殊空间共分为6个教与学的区域，它们是教师教学区、学生合作学习区、资源区、展示区、制作角、荣耀角。

1. 教师教学区

以讲台为中心的教师教学区，配有多媒体设备。配备了时钟，方便教师掌控时间。放有教师移动白板，用于课堂板书。

2. 学生合作学习区

教室的中间地区是学生合作学习的主要区域，有8组桌椅，学生围坐在一起进行合作学习，每个小组各自配备学习工具。

（1）小组移动展示板。各小组在交流汇报环节用于呈现小组成果的移动白板。

（2）平板电脑。每个学生一台，用于多媒体操作。

（3）学习文具。主要有铅笔、水笔、记号笔、彩色笔等笔类，白纸、彩纸、卡纸、便利贴等用于记录的纸类，以及合作学习时要用的剪刀、订书机、圆规、尺、计时器等工具。

3. 资源区

资源区即用于存放学习资料及学习用具的区域。

（1）配备书架，存放字典、百科全书等工具类书籍。

（2）用具桶，备用学习用品、收纳箱、收纳篮等物品。

4. 展示区

展示区分两种：展示学生个人学习作品的区域，主要分布在教室前后的墙面上；展示小组合作学习成果的区域，主要分布在教室两侧墙面及4块电子显示屏上。

5. 制作角

给学生提供制作成品所需的资料、工具，如装订机、剪刀、电脑、打印机等。

6. 荣耀角

课堂最佳小组用于休息及小组讨论的区域，位于教室靠墙一侧角落，配备了地毯、豆袋、抱枕、跳棋、拼图、小玩具、小零食、读物等。

（二）校园指示图活动方案

为了实践"儿童合作学习驿站"校本课程，提升小组凝聚力，彰显合作共生的特色校园文化，校本课程组选取校本课程中的一项内容，在四年级学生中开展了实践活动。

1. 活动目的

自2018年同里实验小学"十三五"课题"儿童合作学习驿站构建的实践研究"立项以来，我们致力于校本课程的开发，在校本课程组的努力下，"儿童合作学习驿站"校本课程已成雏形。为了实施校本课程，加强学生的合作意识，展示合作能力，提升小组凝聚力，彰显合作共生的特色校园文化，现举办校园指示图设计活动。

2. 活动主题

"合作展风采"校园指示图设计。

（1）参与人员：三至六年级学生、四年级班主任。

（2）活动时间：4月17日—5月29日。

3. 教学活动内容：校园指示图设计指导课

（1）参与人员：四年级学生及班主任。

（2）活动时间：4月17日—28日。

（3）活动内容：各班班主任负责合作意识课，指导小组开展校园实景勘测，小组分工合作后，形成校园指示图设计草图，班级投票选出两幅班级代表作。

4. 校园指示图设计草图的修改

(1) 参与人员：四年级学生及美术老师。

(2) 活动时间：4月28日—5月15日。

(3) 活动内容：美术老师在小组设计草图的基础上，从审美角度和指示图科学布局角度指导学生进行修改，小组进行二次创作和修改，形成最终稿。

5. 校园指示图海选准备

(1) 参与人员：代表作品小组及美术组学生。

(2) 活动时间：5月15日—22日。

(3) 活动内容：各个小组对作品的设计意图、合作分工、作品寓意、作品闪光点等进行描述，并录制拉票视频。美术组制作校园指示图海选展板。

6. 校园指示图海选

(1) 参与人员：三年级、五年级、六年级及美术组学生。

(2) 活动时间：5月22日—29日。

(3) 活动内容：参与评选的年级在班主任的组织下观看海选拉票视频，随后小组实地观看设计图并投票。

7. 校园指示图海选揭晓

(1) 参与人员：三年级、五年级、六年级及美术组学生。

(2) 活动时间：6月2日。

(3) 活动内容：根据海选票数，最终揭晓东校门指示图和北校门指示图入选。后续与设计公司合作，最终将作品展示在校门口。

(三) 案例分析

1. 存在的问题

校本课程实施组成员在参与校园指示图设计制作活动后，发现在实施过程中存在以下几个问题。

(1) 小组合作效率低。

本次实施校本课程，我们均以6人小组的形式开展合作学习，将绘制指示图的任务分为画图、写字、涂色这三个主要部分，并让学生自主分工、自由活动展开合作。但在第一次绘制草图的过程中，我们发现大部分小组无法在规定的时间内完成设计和制作，并且在整个活动过程中，出现了小组成员分工不明确和分工不协调等问题。例如，一些小组成员在分工时意见不统一，大部分小组成员都想选择比较容易的涂色任务，推托或抗拒画图和写字任务；开始动手操作时，很多成员因为无事可做，便在一旁讲话和玩，从而导致整个小组的合作意识较差，完成率低。

(2) 合作学习目标不明确。

在教学过程中，我们发现有些小组完成的作品并不符合校园指示图的要求，他们画的校园指示图像地图，没有基本的楼层、地点或方向，起不到指示的作用。究其原因，是学生对地图和指示图的概念认知不明确。

(3) 小组评价机制不完善。

在课上展示评价环节，每组汇报员介绍自己小组的设计思路，根据方向清楚、位置准确、内容完整、富有创意这四点要求，全班评选出了满意度最高的作品。在评价过程中，我们主要针对汇报员个体进行了评价，而忽视了小组集体的评价。另外，我们对小组合作最终结果的评价相比学习过程的评价更为侧重。

2. 改善的路径

学生以小组为单位，通过合作和协作，完成学习任务，提高学习成绩，这是合作学习倡导者们的最初出发点，也是我们合作学习的主要目标。好的小组建设与小组分工对合作学习的开展有着重要的作用，但小学生年龄小，缺乏与人合作的经验和责任感，在进行合作学习时，他们对于合作的方法、技巧等不可能做到完全正确地把握，在活动过程中不可避免地会出现这样那样的问题，如小组成员意见分歧、分工不公平、成员参与度低等，这些问题大大影响了合作学习的效果。要克服这些问题，教师就要在学生合作学习的过程中，根据面向全体的理念，先在"组内异质、组间同质"的原则下科学建立小组，从优化小组的分工开始驱动，激发学生的参与感，对学生的合作适当加以调控，从而有效发挥合作学习的价值。具体可以从以下几个方面入手。

(1) 了解学生特质，激发学生兴趣。

合作学习模式在课堂上表现为充分调动学生的积极性，培养良好的学习动机。因此，从建立小组开始，教师就要充分了解每个学生的特质，关注每个学生的特长及与其他学生的差异，从而精准、科学地分配小组，在每次分工时也要尽可能让每个学生有参与活动和展示自我的机会。特别是在安排不同的合作任务时，教师必须创设不同的情境，根据学生的特点设定不同的角色或是给成员转换角色的机会，让每个学生都有机会发光和进步，以此来激发每个学生的积极性，增强学生的合作热情，在轻松愉快的氛围中增强学生的合作意识，从而实现高质量的小组合作学习。

(2) 形成小组规则，培养合作习惯。

小组学习以合作探索为主要方式，自由度比较高，每个成员都可以发表自己的看法，这种情况下也容易发生矛盾和争执。因此，要想顺利完成小组的分工任务，高效开展合作学习，教师必须在日常教学中注意培养学生的合作意识和合作习惯，可采取小组讨论、表演、竞赛等形式，培养小组成员的默契感，提升其团结合作的能力，拉近成员之间的关系，激发学生的小组荣誉感和责任感。同时，在活动过程中，教师也可渗透小组合作的一些经验和技巧，与学生共同制定合作学习的规则，从而真正提升他们的合作学习能力。

（3）强调学习目标，明确学生分工。

小组合作学习的目标和整节课的学习目标应该是一致的。教师可以将学习的目标板书在黑板的醒目位置，或者用幻灯片展示，并且加大字号，用不同的颜色加以突出，以表示强调。教师不仅要强调学习目标，还要强调学生分工。分工的内容可以一直用幻灯片展现，这样可以帮助学生明确自己所要做的事情，从而促进合作目标的达成。教师可以将校园指示图的三要素——楼层、地点、方向板书在黑板的醒目位置。学生在合作学习的过程中可以时刻关注到合作学习的目标，保证学习目标的方向。

（4）细化合作要求，解决学生问题。

由于小学生年龄小，缺乏合作经验，解决问题的能力也有欠缺，所以在开展小组合作学习的过程中，教师不能做支配者或旁观者，而应该全程参与其中，成为合作学习的组织者、引导者。一方面，为了让每位组员参与小组合作学习的全过程，在分组时教师就应提前将任务化大为小、化小为细，帮助学生充分理解和明确合作学习的要求，并让每位组员有各自承担的任务。另一方面，在实践操作中，学生不可避免地会出现各种问题，因此，教师应对各小组进行适当的鼓励和指导，及时发现和解决学生合作分工中的问题，对表现优秀的小组在全班进行表扬和激励，对遇到困难的小组及时予以点拨和帮助，用积极评价来激励学生更加踊跃地进行合作探究。

（5）建立多元评价目标，促成全员发展。

建立多元化的评价机制，帮助学生认识自我，建立自信，促进学生的全面、和谐发展。在合作学习小组中，每个成员都有自己的优点，把每个成员的智慧尽可能多地发挥出来，能得到"1+1>2"的效果。在小组合作学习的评价中，教师应该关注小组集体的学习成果，并且对集体进行评价；应该对小组的合作学习过程和合作学习方法进行评价。另外，还应该关注小组每个成员的发展，对成员的学习态度、学习习惯、参与程度、创新意识、实践能力等多个方面进行评价。特别是要关注那些性格内向、少言寡语的学生，还有成绩比较落后的学生，要对他们进行公正全面的评价，以提高他们参与合作学习的积极性、主动性，更好地发挥评价促进发展的功能。

第三节　潜在课程的资源开发

潜在课程是相对于显在课程（一般指学校教育计划内的学科课程）而言的指称，这一概念涵盖了从有意识地操作到无意识地默化的所有显在课程之外的学习活动。从学校的制度典章、组织管理到师生的交往乃至教学方式和风格等，都是潜在课程的内容。潜在课程在价值和价值观念、行为和行为规范，以及态度、情感、性向等方面给学生以陶冶和影响。潜在课程几乎被视为与显在课程并重而极具教育教学价值的"课程"，在现代课程论的理论研究和课程改革的实践研究中占据重要地位。

课题组充分利用校园中的潜在资源开展小组合作学习，如利用校园中的图书角、食堂开展小组自主阅读或就餐管理，利用北校门和东校门设计校园指示图，利用校史文化墙开展历史学习等。

一、图书角自主管理

"打开一本书，打开一个世界"，阅读，能开启心灵，增长见识。阅读习惯与阅读兴趣，是一个人成长与成功最为重要的组成部分，养成良好的阅读习惯不仅可以提高大脑的思维能力，还可以使记忆力得到锻炼和增强，是帮助孩子们养成良好学习习惯的"推进器"。

通过建立校园图书角，建立起阅读平台，让孩子们能在课堂之外选择自己感兴趣的书，并逐步形成一个相互交流的阅读空间，不仅有利于班级阅读氛围的营造，也有利于孩子们通过管理图书角提升组织管理能力，达到自我教育、自我管理的效果。

（一）职能分工和设置

图书角实行少先队大队轮流管理，由各大队大队委按天担任校园图书管理员，让学生在管理图书角的过程中逐渐学会分工与协作，有利于其养成和提升团队意识（表2-4）。

图书管理员的职能是利用午自习前、放学后的课余时间整理图书角，做好图书整齐摆放的工作。

表2-4　同里实验小学少先队大队图书角管理职能分工表

楼层	周一	周二	周三	周四	周五
一楼	五(2)中队 周宸希	四(6)中队 魏羽昕	五(7)中队 魏冕	四(7)中队 邓殷泽	五(2)中队 王子琦
二楼					
三楼	四(5)中队 何昱庆	五(3)中队 朱君浩	五(5)中队 张嘉仁	五(3)中队 丁语倪	五(4)中队 张梓萱

备注：大队长，五(7)中队严圣陶；副大队长，四(4)中队潘宇萱；五(4)中队赵宇辰负责每日分楼层检查。

（二）运行机制

（1）校园图书角开放的时间为学生在校期间的所有课余时间。

（2）每层图书角的图书均由学校图书馆精选，根据各学段的特点摆放，由校园图书馆登记造册，每学期末回收（图2-8）。

（3）从校园图书角借阅的图书不能带出学校，每日看完后必须及时、有序地放回图书角。

（4）人人都必须爱护图书，在借阅过程中做到不在图书上乱涂、乱画、乱写，不能将书弄破、弄脏、弄丢，否则照价赔偿并被取消在校园图书角借阅的资格。

图2-8　校园图书角

（5）图书角的管理由少先队大队委负责（图2-9）。主要管理职责：记录同学们对图书角书籍的借阅和返还情况，整理书籍，对破损书籍及时进行上报。

图 2-9　少先队大队委对校园图书角实施管理

（6）少先队大队部在每学期初做好校园图书角的管理分工，将值日表张贴在走廊书架旁，并将管理员的履行职责情况与文明班级评比挂钩。

（三）自主管理实施

（1）借阅图书的时间是每天课间、大课间。

（2）凡借阅图书者，必须按规定填写借阅情况表，如借阅时间、借阅图书的名称、借阅人姓名及所在班级等。每人每次只能借阅一本图书，并且必须在归还原借图书之后方可继续借阅（图 2-10，图 2-11）。

图 2-10　借阅图书

图 2-11　填写借阅情况表

（3）从校园图书角借阅的图书只能自己阅读，不能转借给他人。如有发现违规将严厉批评，并取消其借阅资格。

（4）要爱护借阅的图书，当天归还，不得在图书上乱写、乱画，如有损坏或丢失要按照图书原价赔偿。

（5）必须到对应的校园图书角归还图书，签上归还日期，并按顺序摆放（图2-12）。

图 2-12　归还书籍

（6）图书角将定期开展爱书护书评比活动，以检查学生日常行为的文明程度及对待公共财物的态度。对认真读书、爱书、护书表现突出的学生，学校将给予奖励。管理员统计借书情况，将其作为评选阅读之星的依据之一。

（四）奖励制度

（1）学期结束时，对热心校园图书角管理工作的志愿者给予一定的奖励，对表现特别好的班级给予奖励。

（2）评选最佳惜书奖和阅读之星。

书籍是人类进步的阶梯，希望同学们多读书，读好书！愿校园图书角每天都能给同学们带来快乐！

二、自主就餐管理

1. 就餐管理职责

合作学习小组自主就餐管理在学生排队领菜、轻声用餐、餐后整理等方面开展。具体而言，班级卫生（劳动）委员负责监督各小组整队及餐后整理情况，对各小组做好星级评价。就餐员负责分饭、分汤，管理本组成员的就餐行为，在管理过程中应语言文明，指导、服务、帮助本组成员按要求完成就餐。

2. 就餐管理流程

就餐管理流程如图 2-13 所示。

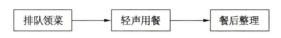

图 2-13　就餐管理流程

3. 就餐行为要求

（1）排队领菜。

① 全班以合作学习小组为单位整队成两列纵队，前往食堂就餐（图 2-14）。

② 行进中队列保持安静。

③ 到达食堂门口后在值日教师的指引下有序进入餐厅。

④ 两列纵队分两个窗口依次领餐（图 2-15）。

图 2-14　排队前往食堂就餐

图 2-15　排队等待领餐

⑤ 领餐后从右边离开队伍，到指定班级座位就餐。

（2）轻声用餐。

① 小组成员全部落座后开始用餐，用餐时保持安静、爱惜粮食（图2-16）。

② 用餐完毕后，就餐员检查成员就餐情况。

（3）餐后整理。

① 各小组成员将餐余垃圾倒入指定盆中，收拾好餐具。

② 就餐员擦干净餐桌。

③ 小组成员在就餐员的带领下离开座位依次倒掉餐余垃圾，放置餐具（图2-17）。

④ 午餐结束，整队回班级教室（图2-18）。

图 2-16　安静用餐　　　　图 2-17　排队将餐余垃圾倒入垃圾盆

三、校园里的文化资源

同里实验小学是一所拥有百年历史的老校，又坐落在长三角地区的同里古镇，具有得天独厚的文化资源，在历史长河的流淌中积淀了深厚的文化底蕴。校园中一角是一景，一景一故事，而这些都是潜在的课程。

学校北校门主要是校外来访者的入口（图 2-19），由于校园建筑的布

图 2-18　整队回班级教室

局较分散，很多来访的老师找不到相应的地点，所以我们利用学校北校门开展校园地图设计活动，并将小组设计图印刷在地面上（图 2-20）。

学校东校门进门的松岑桃李，树立着学校创始人金松岑先生的半身塑像，背面记载着金先生的传奇一生（图 2-21，图 2-22，图 2-23）。塑像的左手边是同里实验小学每届毕业生种下的桃树，塑像的右手边是李树，象征着金先生桃李满天下。这里是学生感受同川文化、继承同川精神的文化资源。

图 2-19　学校北校门

图 2-20　北校门校园地图

图 2-21　学校东校门

图 2-22　东校门校园地图

图 2-23　松岑桃李

五九国耻纪念碑碑文用文言文记录了当时的历史,我们利用这一文化资源开展文言文探究。除此之外,学校还开展历史故事、地理勘测、爱国主义教育、民国服饰、话剧编排等小组探究活动(图2-24)。

学校朴园中的门楼,是学校前身丽则

图2-24 五九国耻纪念碑

女校门楼的复制品,也是学生学习学校历史,了解学校百年底蕴的文化资源(图2-25)。学生在此处可以游戏玩耍,学习门楼的建筑特点和所蕴藏的文化内涵等。

图2-25 丽则女校门楼(复制品)

学校在校园的东南角开辟了悦彩农场,并将农场"承包"给每个班级,学生可以在农场里开展蔬果种植、调查研究等活动(图2-26)。

图 2-26　悦彩农场一角

学校在校园的东面开辟了悦动乐园，学生可以在此开展合作训练、体能锻炼等活动（图 2-27）。

图 2-27　悦动乐园

第三章

儿童合作学习素养培育的策略与方法

为实现"做'诚勤朴爱,乐于合作'品质的现代人"的育人目标,学校不断探索基于小组合作的课堂教学和小组合作型班级自主管理方式,提升学生的合作学习素养。

第一节 儿童合作学习素养培育的策略

儿童合作学习素养的培育对未来社会人的自我生存与发展具有重要意义，能够为培养社会所需的高素质公民奠定基础。国外有关合作学习素养培育的策略众多，较早且发展较为成熟的有8种：学习小组成就区分法、小组游戏竞争法、拼图法或切块拼接法、小组协力教学法、合作统整阅读写作法、共同学习法、小组探究法、结构法。

一、儿童合作学习素养培育教学准备策略

开展合作学习要做哪些教学准备？除了常规教学准备之外，主要准备工作还包括建立合作小组和进行教学设计。

（一）建立合作学习小组

建立合作学习小组的具体要求如下。

1. 决定小组人数

合作学习小组的人数至少在3人以上，但在决定小组人数时，应当注意两个问题。一是小组人数多有有利方面也有不利方面。有利方面是，小组人数越多，小组成员在学习方法、个性、态度等方面越多样，教师监控的组数也越多。不利方面是，小组人数多了，每个组员参与学习活动的机会和时间就相对减少，组内协调和沟通的时间相对增加。二是要考虑全班总人数，应尽可能使每组人数均等。此外，还应考虑学习数据、教室空间、合作学习时间的长短等因素。

2. 进行学生分组

在确定了小组规模后，将学生总数除以组数，就能得出每组人数，然后进行随机分组或指定分组（图3-1）。但为了保证小组的异质性，可以做适当的调整。一般合作学习小组应保持一段时间的相对稳定性，以便组员轮换角色，彼此适应，形成良性运行。如果小组合作学习功

图3-1 合作学习小组分组

能难以发挥，教师可以调整组员，以改进小组功能。

3. 分配组内角色

根据学生个人资料，教师给小组学生分配角色，如主持人、记录员、报告员、检查员、观察员、教练员等。如果小组规模小，可将一些角色合并，如检查员和观察员合并，记录员和报告员合并，主持人和教练员合并等。

4. 安排位置空间

应根据教学目标和教学内容，按照组内尽量靠近、组间尽量分开的原则安排位置空间，以便组员分享数据、交流合作，而又不影响其他小组的学习。同时在教学的不同阶段，可根据教学内容和学习方法的需要做必要的调整，以充分发挥空间位置这一教学资源的作用。

【案例】组建合作学习小组

小组建设培训课（上）

一、教学目标

1. 指导学生选择适合自己的4人合作小组。
2. 指导学生根据自身特质在组内担任相应的职务。

二、教学时间

1课时。

三、教学准备

准备好PPT、空白组牌。

四、教学过程

（一）组建小组

师：今天我们来做个游戏——找朋友。每个人都有自己的好朋友，今天就让你们自由挑选伙伴组成一个合作小组。

1. 明确要求（出示PPT）。

4人一组自由组合构建小组。

当小组人数不满4人时，可以邀请其他伙伴加入；当小组人数超过4人时，可以换到其他人数未满的小组。

给自己的小组取名字，选择组内职务，介绍职务（出示PPT）。在这个过程中，教师适时进行调配和指导。

主持人：小组灵魂人物，个人能力和学习成绩优异，全面管理和协调小组各项事务。

汇报员：小组对外发言人，语言表达能力强，负责汇报小组合作学习的成果。

记录员：字写得又快又好，负责记录小组合作学习要点。

检查员：负责管理监督合作学习时的纪律。

2. 小组内根据标准进行自我推荐和组员推荐，选择适合自己的职务。

3. 介绍小组。

每个小组主持人向全班同学介绍自己小组的组名和成员。

4. 课堂小结。

师：我们每个小组都已初具雏形，但是小组合作学习是不是合格，并没有经过实践的检验。在今后的实践中，老师会根据出现的问题和状况，对小组成员及其职务进行适当的调整。

（设计者：陆菲）

小组建设培训课（下）

一、教学目标

1. 培养小组合作学习习惯。
2. 指导学生制作组牌。

二、教学时间

1课时。

三、教学准备

准备好PPT、空白组牌。

四、教学过程

1. 习惯培训。

主要是理论培训（出示PPT），具体如下。

（1）倾听的习惯。

（2）发言的习惯。

（3）规范的合作用语。

（4）各个小组成员在合作时需要承担的责任。

2. 实践操作。

（1）运用刚刚学习的理论知识，小组合作讨论小组组规和目标。

（2）教师相机在各个小组进行巡视和指导。

全班交流：小组汇报员汇报小组组规和目标；主持人谈小组合作学习时做得较好的地方和遇到的问题。

（3）教师针对汇报的情况进行小结。

3. 制作组规。

（1）小组合作制作组牌。

组牌内容包括组名、小组成员及各自职务、组规、目标等。

（2）组牌展示。

各小组展示设计好的组牌。投票评选，分设一、二、三等奖并予以加分奖励。

4. 课堂小结。

师：今天，每个同学都学习了小组合作学习所必须具备的习惯，也进行了初步的实践，希望每个同学都能扮演好自己在小组中的角色。一个小组就是一个小集体，组员之间要互相包容，互相帮助。小组刚刚组建，每位组员刚刚上岗，必然会遇到各种各样的问题和困难，可以向老师寻求帮助，老师也会尽力帮助每个同学、每个小组尽快地成长起来。

（设计者：陆菲）

合作的意义

一、教学目标

1. 学生能够了解合作学习的意义。

2. 学生能够大概知道生活中什么时候需要合作。

二、教学时间

40 分钟。

三、教学准备

1. 小故事。

2. 小游戏。

四、教学过程

（一）导语

师：同学们，你们发现了吗？在我们的日常生活和学习中，有很多事情我们一个人没有办法完成，可是，如果我们有一群小伙伴组成一个团结一心的团队，大家共同面对、共同努力，结局就会大不相同，这就是合作的力量。那么，合作对我们的日常生活有什么帮助呢？今天我们一起来了解合作的意义。

（二）听故事，走进合作的意义

1. 教师讲故事《五个好兄弟》。

2. 提问，思考。

为什么大拇指搬不动箱子,而5个兄弟一起搬箱子就那么轻松?你见过或者听过哪些互相合作完成的事情?

(三) 做游戏,走进合作的意义

1. 一个同学用一只手摆牙签,他1分钟可以摆几个数字?
2. 一个同学用两只手摆牙签,他1分钟可以摆几个数字?
3. 一小组同学摆牙签,1分钟大家可以摆几个数字?
4. 说感想。
5. 教师小结:是的,我们一个人的力量毕竟是有限的,可是,如果我们有两个、三个甚至更多的人一起合作,我们的力量就会迅速加倍,这就是合作的魔法,也是合作的意义。

(四) 读名言,加深对合作意义的理解

1. 出示课件。
2. 齐读合作的名言。
3. 加深对合作意义的理解。

师:在你的生活中,什么时候也尝试一下合作,让事情完成得更完美、更轻松。

4. 交流。
5. 教师小结:是的,这就是合作的意义,也是合作的魅力。有了合作,我们才可以欣赏到一场场精彩的篮球赛;有了合作,我们才可以住在这么高大宽敞的大楼里;有了合作,我们的生活才会变得如此美好。

板书:合作　更轻松　更完美

(设计者:徐林珍)

【案例】学会欣赏与交际
他和她的长处

一、教学目标

1. 帮助学生了解自己的长处和优势,引导他们充分发挥自身的长处。
2. 引导学生学会发现他/她人的长处,肯定他/她人的优点。

二、教学时间

1课时。

三、教学准备

1. 编排好舞蹈。

2. 练好歌曲。

四、教学过程

1. 找优点。

找找自己身上的优点并说给组内的小伙伴听,自己发现多少就说多少,让大家一起来分享你的快乐。小组内的同学要数一数他到底说了几条优点,等会儿评评小组内谁找到的优点最多。(学生在小组内交流,教师到组内了解情况,并表扬或摸摸在说自己优点的学生的头)

2. 评一评。

评一评小组内谁找到的优点最多,请各组找到优点最多的同学站起来。(各组找到优点最多的同学起立,教师询问有哪些优点)

3. 教师鼓励:你们真棒!能发现自己那么多的优点!大家为彼此鼓鼓掌吧!

4. 露一手。

师:我们拥有那么多优点,那么多长处,愿意在大家面前露一手吗?

5. 分享。

师:愿意和大家分享成功与快乐的同学,不用举手,请自己上台吧!(学生展示自己的优点,如跳舞、唱歌、背诗等,教师适时称赞,鼓励学生继续努力)

6. 教师鼓励:同学们真有信心,真能干!

7. 朗诵。

欣赏自己

也许你想成为太阳,也许你想成为一棵大树。
如果做不了太阳,就做星星吧,
在天空的一角发光;
如果做不了大树,就做小草吧,
以自己的绿色装点希望;
亲爱的朋友,欣赏自己吧!
因为你有比别人更美好的地方。

8. 教师小结。

9. 课外延伸。

把今天收到的优点贴在自己床头,每天起床后大声地读三遍。

板书:他和她的长处 二(4)班主题班会

(设计者:徐小芬)

我的智能

一、教学目标

1. 了解智能这一概念。
2. 让每个学生发现自己的强项智能。

二、教学时间

1课时。

三、教学准备

在"百度"平台搜索"智能"的定义。

四、教学过程

(一) 什么是智能?

1. 名词解释。

智能是在某种社会或文化环境的价值标准下,个体用以解决自己遇到的真正难题或生产及创造出有效产品的能力。每个人都至少具备语言智能、数理逻辑智能、音乐智能、视觉空间智能、身体运动智能、人际交往智能、自然智能和自我认知智能。

2. 形象理解。

(1) 欣赏情景剧《丑小鸭的故事》。

有只小鸭子一出生就和它的兄弟姐妹长得不一样,它的嘴巴比较尖,脚也是跛的,声音还比较嘶哑,吃食、走路都比较慢,叫起来声音很难听,它的兄弟姐妹都不喜欢它,也不和它一起玩,并把它叫作丑小鸭,为此它很自卑,也很伤心。有一天森林里组织一系列比赛,如比赛在石缝里抓鱼、划水比赛和唱歌比赛等,结果丑小鸭都取得了很好的成绩,这让所有的兄弟姐妹都大吃一惊,看到了它不一样的地方,终于丑小鸭被兄弟姐妹们接受了,过上了开心的日子。

(2) 小组讨论:你们看到了什么?

教师小结:丑小鸭再丑也有它的过人之处。

(3) 小组讨论:丑小鸭有什么智能?

教师小结:身体运动智能。

(二) 发现智能

1. 出示6幅图。

图一:义卖吆喝的他。

图二:帮助老师收费的他。

图三:"六一"汇演舞台上的她。

图四:教室布置时的她。

图五：学校运动会上的他。

图六：帮助同学打饭菜的他。

讨论：每小组选一张图，小组讨论图意。

2. 做"我说你猜"的游戏。

小组主持人说一个特征，让同组同学抢答可能是哪个同学的特征，如果猜得对，奖励红花一朵。

词语：诚实、乐于助人、讲卫生、勤奋、作业工整、体育好、歌唱得好、画画得好、爱劳动、讲信用、会折小玩具、回答问题积极、声音洪亮。活动开始，播放轻音乐。

3. 找一找自己的智能闪光点。

规则：可以对照大屏幕给出的词语，通过小组讨论，寻找自己的智能闪光点，每找到一个闪光点就到组长那里领一颗星星，把闪光点写在星星上。活动开始，播放轻音乐。

活动结束，比一比，看组里谁的星星最多，所有组里谁的星星最多。把星星最多的同学评为"星之最"，由主持人对这些同学进行奖励。

（三）小结

教师小结：其实，只要同学们保持自身的智能闪光点，以得到星星最多的同学做榜样，不断改变自己，你的星星也会多起来的。看到班会上的讨论如此热烈，老师也为那些找到闪光点的同学感到高兴。希望同学们向"星之最"学习，让自己越来越优秀，让班级为你骄傲。老师给大家带来了一首歌，大家一起听听吧（欣赏歌曲《隐形的翅膀》）。

板书：我的智能

1. 什么是智能？
2. 发现智能。

（设计者：刘琳）

【案例】学会合作技能

学会倾听、表达与讨论

一、教学目标

1. 引导学生体会听、说和讨论的重要性。
2. 引导学生养成听、说和讨论的良好习惯。
3. 引导学生掌握听、说和讨论的方法。

二、教学时间

1课时。

三、教学准备

准备多媒体教学资源。

四、教学过程

(一) 学会倾听

1. "咬耳朵"游戏。

(1) 师:今天,薛老师想和大家玩一个游戏,名字叫作"咬耳朵"。先请三位同学进行示范。老师先在一位同学耳旁说一句话,请这位同学把所听到的话传达给下一位同学,以此类推,看哪些同学听得最准确。要注意的是,整个过程中,听话的同学不能说话,只能听,可以做眼神或动作的交流。

反馈:老师说的是"请你吃枣",最后三班传成了"请你吃草",更加离谱的是四班传成了"请你失踪"。

(2) 全班同学做"咬耳朵"游戏,体验生谈感受。

(3) 教师小结:同学们都谈得很好,倾听在课堂学习及人际交往中有着非常重要的作用,不认真听别人说话就不会明白别人要表达的准确含义。倾听时要专心,要调动全身的感官去参与倾听。

2. 小倾听,大学问。(PPT展示并讲解)

(1) 给学生讲古时候弟子如何倾听老师讲学,获取知识。倾听是学习知识的重要途径。

(2) 今天的课堂上,同学们都在认真倾听老师讲解,值得表扬。

(3) 当同学发言时,一双双大眼睛都注视着发言者,一只只小耳朵都在仔细倾听,没有发生打断的情形。

(4) 当与朋友相处时,善于倾听,也会对你构建良好的朋友圈起到重要作用。

师:倾听,人类最美丽的动作。学会倾听,会帮助我们在知识的海洋里乘风破浪。同学们,你们愿意做一个善于倾听的好孩子吗?

生:愿意。

3. 请同学们听故事《学会倾听的小猫咪咪》。

提问:苏亚雷斯将军的故事告诉我们什么道理?

4. 讨论:倾听时要做到什么?

(1) 眼神交流。

(2) 给予尊重。

(3) 有耐心，不打断别人的话。

5. 制定班级倾听公约。

让我们约定，在课堂上我们要做到：

(1) 认真听同学发言。

(2) 记住同学发言中的重点。

(3) 不打断别人说话。

(4) 别人发言时我们要认真思考。

6. 教师小结："倾听"不仅仅是获取信息的学习方式，也不仅仅是一种重要的学习习惯，它更是一种修养，一种尊重。当我们在倾听的时候，不光耳朵有任务，心和脑也要一起行动，做到带着问题听，边听边记，努力寻找兴趣点，尽可能让自己的注意力不分散。

愿我们每位同学都能拥有一颗愿意倾听的心，拥有一双善于倾听的耳朵，掌握有效的倾听方法，让倾听助你在知识的海洋里遨游。

(二) 学会表达

1. 游戏：说话接龙。

一组同学分别说谁在什么地方、在做什么、做得怎样，体会在接龙游戏的时候要听清别人的话，根据别人的话说下去，以免闹笑话。

2. 今天我们来学习说话，你觉得说话有什么要求？

(1) 看小品。

(2) 说一说，为什么那个同学会坐错地方？

(3) 教师小结：你们看，人与人之间的沟通离不开语言，如果班长能正确使用语言，就能把自己的意思表达清楚，否则就很有可能造成误会。

3. 小组讨论：说话的时候要注意些什么？

(1) 要想把话说清楚就得按顺序说话。

(2) 要想把话说清楚就要把话说完整。

(3) 要想把话说清楚就要抓住重点，语言要简练。

4. 教师小结：在我们的生活中一刻也离不开语言，同学们做到以上几点就能说好话了。

(三) 学会讨论

1. 讨论的重要性。

(1) 观看一段录像。

(2) 问：他们在干什么？

(3) 师：什么是讨论？讨论就是人们就一个或若干个问题各抒己见，把不同的意见进行分析，经过商量、议论、研究最后达成一致意见的过程。

2. 讨论中的问题与解决。

(1) 召开小小讨论会（5名同学）：同学们谈谈在讨论中会有哪些问题？遇到这些问题时怎么办？

(2) 教师小结：在讨论的过程中注意做到礼貌待人，各抒己见，虚心听取，达成共识。这样讨论才有可能成功。

3. 讨论练习：怎样算出马铃薯的体积？讨论一下。

4. 教师小结：通过今天的研究，我们对讨论有了一定的认识。正确处理好讨论中的问题，会使我们的讨论有意义、有价值。

(四) 总结

回顾本节课的学习要点，明确听、说、讨论的注意点。

（设计者：陈红芬）

(二) 教室的课桌椅布置

教室里的课桌椅是一种教学资源，基于合作学习理论的课桌椅布置通常具有两大特征：既有利于学生个体面对面的讨论和交流，又便于全体学生与教师及听视觉媒体的交流（图 3-2，图 3-3，图 3-4）。

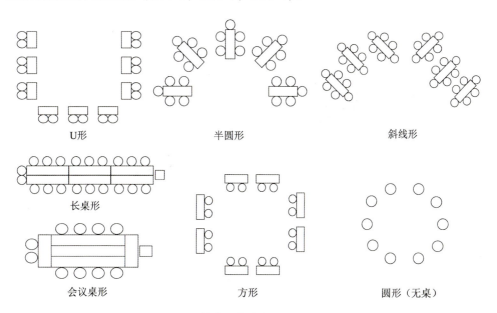

图 3-2　教室课桌椅布置平面图之一

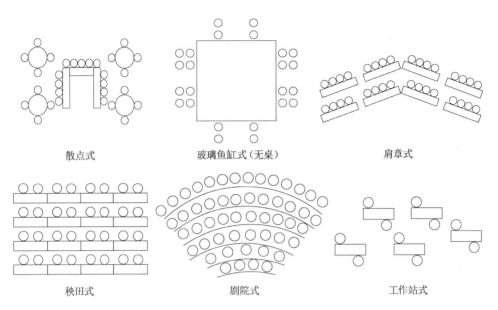

图 3-3　教室课桌椅布置平面图之二

图 3-4　教室课桌椅布置的效果

(三) 教学设计准备

除常规备课外,还要准备学习单、作业单、评价表等学具,以便实施教学。

1. 学习单

学习单是合作学习小组在学习时的菜单,它的作用是明确合作学习的程序和内容,反馈合作学习情况。因此,学习单应根据教学目标和教学内容来设计,形式可以多样,甚至各组的学习单也可不同(图 3-5,图 3-6)。

课题：《圆的认识》。
教材：苏教版小学《数学》五年级下册。
说明：第一课时的教学目标为"认识圆的特征，通过具体的实践活动，让学生在操作过程中体会圆的特点，通过小组之间的交流概括圆的特征"。本学习单在认识圆的各部分名称之后使用。
学习单（10分钟）
1. 组内成员一起观察对比画的圆，讨论这些圆有什么相同点。
2. 组内成员独立拿出圆形纸片，动手折一折、画一画，验证圆的特点。
3. 小组讨论后完成下面的表格。

在同一圆中	
半径	关系
直径	
对称性	

图 3-5　数学学习单

课题：《猫》。
教材：小学《语文》四年级下册。
说明：第二课时的教学目标为"抓住重点词句，体会作者如何把猫的特点写具体，感受作者对猫的喜爱之情"。本学习单在梳理完文章脉络后使用。
学习单（15分钟）
1. 默读课文 1~5 自然段，你从哪里读出了猫的古怪？用直线划出相关词句并写批注。
2. 小组交流自己划出的词句，说说为什么划出这些词句。
3. 小组讨论并完成填表。

猫的性格特点	表现猫性格特点的具体事例

图 3-6　语文学习单

2. 作业单

作业单是及时反馈学生学习情况的载体，可以全班共用一张作业单，也可以设计分层作业单，以便于不同学力的学生有选择地练习（表 3-1）。

表 3-1　数学作业巩固单

基本作业	1 厘米 =（　　）分米　1 分米 =（　　）厘米 50 厘米 =（　　）分米
弹性化作业 （给书柜摆书）	1. 这里有 8 本《童话故事》，一本大约厚 3 厘米。这些书能把一个长 30 厘米的书柜放满吗？ 2. 这里有 8 本《童话故事》，一本大约厚 3 厘米。这些书能把一个长 3 分米的书柜放满吗？ 3. 每本《童话故事》厚 3 厘米，每本《我爱看科学》厚 5 厘米，每本《世界真奇妙》厚 10 厘米。如果把这些书放在一个长 40 厘米的书柜里，怎样放才能把这个书柜放满呢？有不同方法吗？

3. 评价表

合作学习的评价包括两个方面：学习结果评价，合作技巧评价。学习结果评价包括个人评价和小组集体评价，可通过回家作业，分层的小练习、小测验，如前述作业单的形式，统计学习结果来进行评价，或者以合作学习小组代表交流的情况为依据进行评价。合作技巧评价是对合作技巧运用的情况进行的评价，有小组自评、小组间互评和教师评价等多种形式。评价结果可通过口头宣布、墙报等形式展示（表 3-2，表 3-3）。

表 3-2　小组合作学习综合评价表

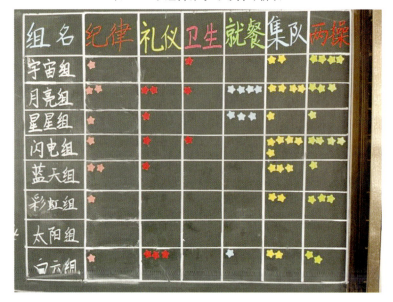

表 3-3　个人合作学习评价表

在探索圆周长的测量方法时，请你根据自己的表现自评星级（用"☆"表示）：		
能主动参与观察、操作活动，并在活动中积极思考	自评	小组评
	☆ ☆ ☆ ☆ ☆	☆ ☆ ☆ ☆ ☆
乐于和同学交流自己的发现，并在交流中有所收获	☆ ☆ ☆ ☆ ☆	☆ ☆ ☆ ☆ ☆

二、儿童合作学习素养培育教学实施策略

以生生互动为特征的合作学习的源头可以追溯到人类纪元初期。从严格意义上讲，20 世纪 70 年代初在美国形成的合作学习理论，是目前世界上教育发达国家普遍运用的一种教学理论与策略体系。合作学习理论的独特之处在于提出差异是一种教学资源，并主张通过人际交往活动来利用和发挥这种教学资源。

国内外有关合作学习素养培育教学的实施策略不下 80 种，要穷尽探讨这些策略实非易事。同里实验小学的教师主要探索实践了小组探究法、合作统整阅读写作法、小组游戏竞赛法、值日清单管理法和项目化学习法等 5 种实施策略。

1. 小组探究法

小组探究法的代表人物是美国芝加哥大学教授塞勒（H. Thelen）和以色列学者沙伦（S. Sharan），其教学设计的主要理论基础是杜威的以学生为中心的教育理念，重视学生自我调整的学习活动，为学生提供多元而广阔的学习经验。

小组探究法的主要教学流程为：学生选题并分组→小组研究设计→进行组内讨论和探究→准备报告→各组向全班汇报研究成果→师生共同讨论与评价。

注意事项：组成研究兴趣同质组，自行设计研究思路、分担任务，展开小组调查，呈现结果。师生合作就思维水平、知识运用能力和小组调查过程展开评价。

2. 合作统整阅读写作法[①]

合作统整阅读写作法由美国学者罗伯特·斯莱文首创。它主要应用于小学高年级，同时注意个人绩效与团体目标，并结合同质教学小组及异质的工作小组，以统整学生读、写、说这三方面的能力，且这些活动都是在异质性的小组中进行。

合作统整阅读写作法所包含的一系列流程有建立阅读小组、分组学习、读本相关活动、阅读理解直接教学、写作练习、独立阅读及测验等。

（1）建立阅读小组。

教师根据每个学生的能力将全班学生分成6~8个阅读小组，每组4~6人（视班级人数做调整）。

（2）分组学习。

在每个阅读小组中，教师可再将其分为2~3人的配对组，而后每个阅读小组中的配对组再与其他阅读小组中的配对组形成小组。而小组的积分则由个体的表现及作文、读书报告等的成绩组合而成，再根据小组的表现排名。

（3）读本相关活动。

所谓读本相关活动是指教师介绍基本教材内的故事并引导学生学习。学生在小组中从事配对阅读、写作练习、生字新词反复朗读、字义了解、故事重述、生字练习、同伴检查、练习反馈等活动。

（4）阅读理解直接教学。

阅读理解直接教学即由教师每周利用一天的时间指导学生阅读理解技巧，如归纳内容要点、了解因果关系、作推论等，并设计阅读理解作业单供学生习作。

（5）写作练习。

在语文课中，教师设计安排写作课程，学生以小组方式学习写作技巧并进行写作练习。本阶段强调以写作为中心，语文分析技巧只作为写作的辅助，而

[①] 董蓓菲. 小班化教育的中国模式：实现教学过程公平的理论与实践［M］. 上海：上海教育出版社，2014：191.

非单独分开的活动。在进行写作练习时，学生除学习主题的选取外，也练习不同的表达方式，学习书信、报章和小说的表现手法等。学生与教师、组内同学完成计划后，即可得出自己的结论并进行草稿练习，然后与组内同学交换习作，修改作文，而后小组一起完善，将作文发表出来。

(6) 独立阅读。

学生的学习进度有快有慢，每单元结束之后，教师可安排一次独立阅读，学习进度快的学生可利用这段时间欣赏其他同学的作品或进行自由阅读，学习进度慢的学生则可以利用这段时间优化自己尚未完成的作品。

3. 小组游戏竞赛法

小组游戏竞赛法是美国约翰·霍普金斯大学创设的一种合作学习合作。在这一模式中教学分4个环节进行：教师全班授课、小组学习、教学竞赛和成绩评定。合作学习小组的主要作用在于同学之间互教互学，保证所有成员都能学会教师讲授的内容，为每周举行的教学竞赛做准备。比赛时按原有的学习水平抽取各小组能力同质的学生，代表各自的学习小组参加游戏竞赛，每位成员都给所在小组积分，比赛后按各小组成员积分总成绩进行表彰。小组游戏竞赛法既适用于学科知识的学习，也适用于体育游戏活动。

4. 值日清单管理法

清单是记载有关项目的明细单。值日清单是值日生需要完成值日工作的项目明细，它将值日岗位和值日要求以表单的形式呈现，反映了完成每个值日清单项目的具体目标（表3-4，表3-5）。

表3-4 班级值日清单

岗位名称	班值日清单
检查员（组长）	1. 督促小组内成员认真做好值日工作 2. 检查、记录当天值日情况 3. 负责投影仪的开关 4. 视当天情况与节能员一起拖地
打扫员1	把教室第一排地面包括第一个过道扫干净，地上无纸屑、垃圾等
打扫员2	把教室第二排地面包括第二个过道扫干净，地上无纸屑、垃圾等
打扫员3	把教室第三排地面包括第三个过道扫干净，地上无纸屑、垃圾等
打扫员4	把教室第四排地面包括教室前后扫干净，地上无纸屑、垃圾等
排列员	把教室内的桌椅排列整齐
整理员	1. 整理书柜、图书角、书包、图书摆放整齐 2. 整理讲台，教具等有序摆放
除尘员	1. 把教室的窗台、讲台擦干净，窗台上无灰尘 2. 每节课下课后及时擦黑板

续表

岗位名称	班值日清单
清理员	1. 教室卫生角整天保持干净 2. 放学后及时清理垃圾，将垃圾倒入学校垃圾房
节能员	1. 负责开关灯、门窗、电风扇 2. 视天气情况拖地

备注：如班级小组数不同，各班可根据实际情况做相应调整。

表 3-5 小组值日评价表

_____组值日评价表

序号	组名	评价标准	第一周	第二周	第三周	第四周
1		1. 根据《小组值日岗位表》认真落实，小组成员间分工合作，按时完成值日得2颗星 2. 值日当天班级卫生情况较好，学校检查无扣分得3颗星 3. 如发现小组内值日生争吵、推脱，当天班级卫生情况差等情况，则相应扣1~2颗星				
2						
3						
4						
5						
6						
7						
8						

备注：如班级小组数不同，各班可根据实际情况做相应调整。

5. 项目化学习法

从教育学的渊源来看，项目化学习的理念源于杜威的"做中学"的经验学习理论，以及其弟子威廉·赫德·克伯屈（William Heard Kilpatrick）的设计教学法，它主要针对过于重视读书所造成的弊端，强调通过一个个经过设计的项目学习"做事"。夏雪梅博士带领的团队探索提炼了学习素养视角下项目化学习的四个特征：核心知识的再构建，创建真实的驱动性问题和成果，用高阶学习包裹低阶学习，将素养转化为持续的学习实践。

（1）项目化学习的定义。

也称"项目化学"'"整项目课程"，国际通用的名词是"项目式学习"。项目化学习强调跨学科，以学生为中心，要求老师为学生构建一个解决问题的环境，包括组建一定的团队，老师抛出一个驱动任务，提出开放性的问题，如这个问题怎么解决，用什么方法解决等，要求学生动用所学的知识，或者为了达成这个任务的目标去学习一些知识，从而经历一个解决问题的过程。

(2) 项目化学习中的认知策略。

如何评价项目化学习的质量呢？就看它的主要认知策略是什么，学生有没有将低阶学习和高阶学习进行良好的整合。

美国学者罗伯特·J. 马扎诺（Robert J. Marzano）的学习维度框架将高阶学习看成是有意义地运用知识的过程[①]，它包括6个方面的高阶策略——问题解决、创见、决策、实验、调研和系统分析，而高阶学习又是基于以下两个低阶学习进行的。第一，获取和整合知识。人们时刻都在获取各种信息，也在接触和习得各种技能，将这些陈述性和程序性的知识加以组织、巩固，这是最基础的学习。第二，扩展和精炼知识。对重要的知识，仅仅是获取和整合无法令人产生深刻的理解，需要在此基础上进行更深一层的认知加工，借助比较、分类、抽象、归纳推理、提供支持、分析错误、分析观点等方法，形成更深的理解。

任何一个项目化学习，如果连一个高阶认知策略都找不到，那这样的项目化学习的质量是有问题的。高阶认知策略在使用过程中会涉及大量的低阶认知策略，低阶认知策略主要是对大量背景知识、概念知识、已有经验进行搜寻、组织、比较、分类等。所以，低阶认知策略和高阶认知策略是密不可分的，项目化学习指向概念性知识的高阶认知策略，同时也包含与之相关的系列基础知识的认知加工，而且项目化学习非常强调高阶认知策略和低阶认知策略的整合。也就是说，在学习过程中，既不能全部都是低阶认知策略，也不能全部运用高阶认知策略。如果都是低阶认知策略，学生无法产生思维的碰撞和高层次的思考，项目化学习也就失去了应有的价值；如果都是高阶认知策略，没有大量背景知识和相关技能作为支撑，项目化学习就无法深入。

(3) 探究性设计的一般要求（6个维度的设计要则）[②]。

经过实践探索，我们逐渐认识到，在学科中进行项目化学习，就是在进行学科单元的探究性设计。这在一定程度上可以解决分科教学和综合探究的矛盾。学科项目化学习不是学科的活动化，而是学科核心知识在情境中的再建构与再创造；跨学科项目化学习不是学科的杂糅与拼盘，而是运用两个或两个以上学科知识综合解决问题。项目化学习的设计一般涉及6个维度：核心知识、驱动问题、高阶认知、学习时间、公开成果和全程评价。

(4) 项目化学习的阶段性实践。

根据美国巴克教育研究所的观点，项目化学习大体可分为4个阶段：引入

---

① 夏雪梅. 项目化学习设计：学习素养视角下的国际与本土实践 [M]. 北京：教育科学出版社，2018：63-64.

② 夏雪梅. 项目化学习设计：学习素养视角下的国际与本土实践 [M]. 北京：教育科学出版社，2018：133-134.

阶段、建构知识和技能阶段、作品完成阶段、作品呈现阶段。项目化学习采用什么样的阶段划分方法并不是最重要的，重要的是在各个阶段融入了怎样的实践。夏雪梅博士等研究人员通常按照6个阶段展开项目化学习，具体如下。①

第一阶段，入项活动。具体包括启动活动、引入驱动性问题、关于驱动性问题的全班头脑风暴、分组、确定目标、发展时间线、明确最终必须和可能的产品等活动，主要学习实践则有探究性实践、社会性实践、调控性实践等。

第二阶段，知识与能力建构。具体包括通过网络探究收集相关背景信息、对各种相关人员进行调查或访谈、评论已有信息、拓展更多的信息来源、回顾以往知识、学习有关项目的微课程等活动，主要学习实践则有探究性实践、社会性实践、调控性实践等。

第三阶段，探索与形成成果。具体包括组内分工、形成设计图、探究性实践、制作模型等活动，主要学习实践则有社会性实践、调控性实践、审美性实践等。

第四阶段，评论与修订。具体包括进行书面或口头报告、开展交流与评价、教师或专家给出建议修订成果等活动，主要学习实践则有探究性实践、社会性实践、技术性实践等。

第五阶段，公开成果。具体包括举办公开的成果展、对举办成果展进行分工与设计、接收更多的信息、再次修订模型或成果等活动，主要学习实践则有社会性实践、审美性实践、技术性实践、调控性实践等。

第六阶段，反思与迁移。具体包括回顾项目历程、填写反思表、社会性实践、分享新情境中的运用等活动，主要学习实践则有调控性实践、社会性实践等。

三、儿童合作学习素养培育评价策略

对合作学习小组的评价遵循"组内合作、组间竞争"的原则——变个体竞争为小组团体竞争，将竞争的目的由鼓励个体竞争转向同伴合作达标。合作学习的个体评价改常模参照为标准参照，引入基础分、提高分的概念，规避了竞争中横向比较带来的消极影响，有利于引导学生将视线落在自己昨天、今天和明天的努力，去赢得自我挑战的成功。不仅如此，它还赋予差异显著的各层次学生取得学习成功的权利和机会，真正实现了发展性评价的目标——用学习评价激励学生更好地参与学习过程。

---

① 夏雪梅.项目化学习设计：学习素养视角下的国际与本土实践 [M].北京：教育科学出版社，2018：96-97.

1. 教学评价和学习评价

根据评价对象的不同,合作学习评价也分成教师教学评价和学生学习评价。前者类似于日常对教师教学水平的考核,如观课后的评课等,只是在评课内容中添加了体现合作学习理念的项目,而学生的学习评价则有所不同。

2. 学习评价

根据评价内容的不同,学生的学习评价可分为学业评价、合作技能评价。前者是评价班级每个学生或每个小组完成学习任务的质量,后者是评价班级每个学生或每个小组合作技能运用的情况。

(1) 学业评价。

评价每个学生的学业,可以通过课堂测验、分层小练习及课外的回家作业进行。值得一提的是,学生个体的学业评价应发挥评价的激励功能,引导学生个体的自我挑战。针对小组的学业评价,可以以小组代表汇报的合作学习结果为依据进行,也可以以组内每个学生的成绩合成的小组总分为依据进行。计分方式有百分制、等级制。

(2) 合作技能评价。

针对个人、小组的合作技能评价,通常借助评价表来进行。计分形式多运用等级制或形象直观的图示法,如笑脸表示"好",哭脸表示"差"等。

3. 合作学习的评价方式

根据评价主体的不同,合作学习评价有自我评价、同伴互评、小组互评、教师评价等方式。评价结果可以墙报张贴、黑板即时呈现等形式展示。

4. 评价方式的选择

合作学习内容和方式的选择,应考虑学生年龄、学科课时内容、重难点,以及课堂评价占用的时长和评价反馈的便捷性等因素。

第二节 儿童合作学习素养培育的方法

儿童合作学习驿站的构建并非本课题研究的最终目的,学习空间的扩展只是背景,最终指向的是儿童合作学习素养的培育(图3-7)。这里提炼了一些具体的操作方法,具体如下。

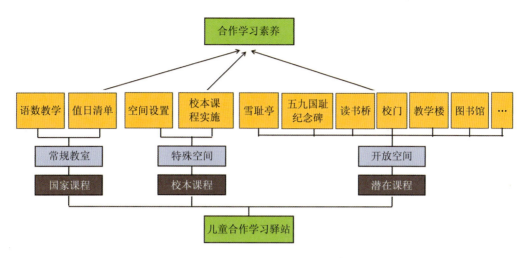

图 3-7 儿童合作学习素养培育路径图

一、小组探究法

小组探究法是指学生组成研究兴趣同质组，自行设计研究思路、分担任务，展开小组调查，呈现结果。师生合作就思维水平、知识运用能力和小组调查过程展开评价。其主要教学流程依次为：学生选题并分组，小组研究设计，进行组内讨论和探究，准备报告，各组向全班进行研究成果发表，师生共同讨论与评价。具体如案例。

[案例] 小陀螺　大智慧

一、教学课题

陀螺小达人。

二、学生年级

三年级。

三、学情分析

1. 主题选择源于学生生活。

近阶段开展"传统游戏——陀螺"主题活动，通过"知陀螺""玩陀螺""做陀螺""赛陀螺"四个环节开展活动。本节课的教学内容是 DIY 装扮上节课的自制陀螺，"玩中做""做中学"。

2. 知识储备。

三年级美术课认识"三原色"，为本节课探究陀螺颜色的奇幻变化提供了知识储备。

3. 能力与方法储备。

三年级学生初步具备了独立思考、团队合作、交流反思的能力，能够初步运用猜测验证的方法探索发现并进行创意物化。

四、教学目标

1. 有创意地 DIY 装扮美化陀螺，享受探究发现的过程和创意物化的快乐。

2. 猜测、验证、观察、发现图案和颜色变化的规律，初步感知视觉暂留的原理。

3. 调动学生运用已有学科知识与生活经验进行发现和创新，培养学生为解决问题主动获取知识的能力。

五、教学重难点

1. 重点。

通过猜测、观察、发现、创意等环节，探究发现陀螺旋转时发生的奇妙变化，进行创意物化。初步学会描述观察到的现象。

2. 难点。

初步感知视觉暂留原理，使所学知识与生活中的相关现象产生联系。

六、教学准备

1. 学生活动工具。

自制陀螺、水彩笔、尺。

2. 教师准备。

PPT、陀螺、圆片、黑板贴、旋转仪器。

七、课前交流

1. 出示组员评价表（乐于表达、仔细倾听、遵守规则）。

2. 每个学生都知道自己是第几组第几号组员。

3. 课前陀螺比赛，产生一名冠军。

4. 自制一个简易陀螺。

5. 示范装陀螺柄。

6. 陀螺用完就要放到收纳盒里，等到下一个环节需要使用时再取出。每组的 1 号同学负责提醒和督促。

7. 将水彩笔放在桌子下方。

8. 3 个自备陀螺（线的组合、颜色搭配）。

八、课前玩陀螺

1. 师：上节课，我们用火柴和圆纸片自制了一个陀螺，简单又好玩。今天这节课老师特地准备了一个专用的陀螺柄，大家请看：陀螺柄底部圆溜溜的是陀尖，我们可以像拧螺丝一样把它拧下来。再把圆纸片的孔套进陀柄，拧上陀尖，就可以了。

2. 1号同学给小组每人发一个陀螺柄,2号同学给小组每人发一张圆纸片,大家将陀螺柄安装好后玩陀螺。

3. 训练规则意识,时间到即停止。

九、教学过程

(一) 初步感知,发现问题

1. 陀螺冠军秀。

师:上节课,我们一起动手制作了一个陀螺,产生了陀螺冠军,今天我们邀请冠军来秀一把陀螺,掌声有请!(陀螺冠军秀) 计时。

2. 刚才大家在这个转动的陀螺上发现了什么?

3. 师生交流。

生:发现这个点转起来后竟然变成了一个圆圈!

师:有多少同学跟他一样看到一个圆圈了?

师:拿出自己的陀螺试试看。上节课大家在自己的陀螺上做了记号,1号组员画了一个点,2号组员画了两个点,以此类推。这些点在转动时发生了什么变化?

4. 师生再次交流。

师:你们看到了什么?

生:感觉有无数个点围成了一个圈……

生:真的发现点转成了圈,真是太神奇了!

板书:发现问题

(二) 线条变化,猜测验证

1. 猜测:你觉得这个现象是什么原因导致的?

板书:猜测验证

生:跟陀螺转动有关系,跟点有关……

师:那如果画的是一条线呢?

2. 学生画上各种各样的线,完成学习单(表1)。

表1 《陀螺小达人》学习单1

第_____小组		
组员	画的线条(形状)	说说我们的发现
1号		
2号		
3号		
4号		

续表

第_____小组		
组员	画的线条（形状）	说说我们的发现
5号		
6号		
7号		
8号		

3. 学生交流效果。

4. 师：老师也画了一些线条，我们一起来看一下。

5. 师出示视频：曲线、螺旋线……我们可以横着画，也可以竖着画、交叉画，还可以画上数量不等的线条。

6. 板书：形状

7. 过渡：我们画上不同的线条，就可以看到不同的图案。刚才我们画点、画线都是用黑色笔，那如果换成彩色笔呢？

(三) 颜色组合，趣味拓展

1. 老师做了这样一个陀螺，把这个面分成两块，分别涂上红色和蓝色，同学们猜猜看，陀螺转起来会是什么颜色？

2. 两种颜色合在一起就变成了另外的颜色，有趣吧？

3. 大家都迫不及待了，那就赶紧拿出彩笔，给陀螺变个颜色试试吧。

4. 创意设计要求。

(1) 尝试不同的颜色组合，装扮陀螺的面。

(2) 与小伙伴分享自己的发现，并写在学习单上（表2）。

表2 《陀螺小达人》学习单2

第_____小组		
组员	涂的颜色 （　）色+（　）色	说说我们的发现
1号		
2号		
3号		
4号		
5号		
6号		
7号		
8号		

(3) 保管员给每位组员发一个信封袋，里面装的是陀螺圆片，快速安装陀柄。

(4) 时间：5分钟。

5. 交流分享。

联系学过的美术知识，三原色两两组合会变成另外的颜色（师：我们要善于打通各学科的知识点，真会学习！）

6. 板书：色彩。

(四) 创意设计，揭示原理

1. 小朋友，陀螺一转起来，上面的点、线、颜色就会发生有趣的让人意想不到的变化，你们知道为什么吗？

2. 我们可以通过哪些办法解决这个问题？（问老师、家长、上网查阅、查阅书籍等）

3. 老师在"百度"上输入关键字，搜索到这样一段视频：

(1) 科学家把这种现象叫"视觉暂留"。

(2) 教师解释：陀螺上的点从上方快速转到了下方，可在人的视觉感受里上方的点还没消失，于是，就会觉得无数个点连成了一个圆圈。

4. 线条和颜色让陀螺发生了有趣的变化，下面我们根据探究到的奥秘来装扮陀螺。你打算怎么装扮？

5. 欣赏视频：相信这段视频对你的创意有所启发。

6. 活动要求。

(1) 2~3人合作完成一件作品。

(2) 线条、色彩组合设计，富有创意。

(3) 各组推荐一件最佳作品上台展示。

(4) 时间：10分钟。

7. 各组推荐一件作品上台进行交流展示。

我们画的是_____，呈现出的视觉效果是_____。

8. 师点评：大家看到了色彩美还是形状美？

(五) 课外拓展

这节课我们一起探究了"视觉暂留"的原理，其实，视觉暂留已经在我们的生活中得到了广泛应用。瞧，风车、竹蜻蜓、车轮等，既好玩又好看，美化了我们的生活。

(六) 课后作业

关于陀螺，还有值得研究的学问，比如改变陀螺的形状、材质、大小等是否会对陀螺产生影响呢？课后进行创意改造，下一节课进行"陀螺小达人"的评比，期待看到你们精彩的作品。

（七）课堂总结

我们可以运用今天课堂上学到的研究方法，探索更多的奥秘！评选最佳小组、最佳组员。

（八）板书

小陀螺　大智慧

发现问题

猜测验证

创意设计　　形状　色彩

（设计者：朱芳）

附：案例反思

合作学习，是综合实践活动课程实施过程中常用的学习方式，也是融合教育中特需儿童融入普通学生的有效组织方式。那么，如何让这些在某方面发展落后于同龄人的特需儿童，与心理、生理各方面均正常的普通儿童共同合作完成综合实践活动的任务呢？笔者进行了探索与思考。

一、营造平等的合作学习氛围

教师要更新观念，在关心照顾全班学生的基础上，对特需儿童多一份爱护，引导全班学生接纳特殊的同伴，营造良好的合作氛围。

一方面，建立融洽的师生关系。对特需儿童，老师应该摒弃偏见，充满热情，真诚关爱。这些孩子可能不聪明，不讨人喜欢，甚至令人讨厌，因为学习落后，他们渐渐变得不合群，常常沉浸在自己的小天地里，如果用成绩来衡量他们，肯定不达标。老师应该对他们尽量多一份理解，少一份斥责；多一份耐心，少一份焦躁；多一份宽容与包容、肯定与表扬。哪怕学生只取得了一丁点儿的进步，我们也要让学生感受到老师对他真诚的关爱与帮助。另一方面，建立友好的伙伴关系。可以给特需儿童安排一位优秀的小伙伴随时提供必要的帮助，这位小伙伴不仅学习成绩优异，还具有热心助人、不爱张扬、有耐心等优秀品质，学校统一对这些小伙伴进行培训，让他们在学校默默地帮助特需儿童而又不给特需儿童任何心理压力——既要帮助他，又不能包办代替，必须把握好"度"。

二、根据特长安排小组分工

在综合实践活动中，小组成员往往会随着主题的推进而有所调整，不管在哪个阶段，合作小组成员都应该有明确的分工，特别是有特需儿童的小组，教师要对合作学习进行精心设计，避免特需儿童被排斥或"混"在其中无所事事。

老师在课前准备工作时，要根据特需儿童的特长设计合作任务。如小T同学在小组合作环节担任计时员，负责观察并提醒活动倒计时时间。在合作观察环节，有组员挡住了课件上的倒计时器，小T同学不停地伸长脖子张望，生怕一不留神错过时间，说明他担任计时员职责到位。在合作装饰陀螺环节的分工是：同桌负责设计，小T同学负责装饰画。他平时性格内向，学业水平落后，与同学交流甚少，但绘画是他最擅长的。画完云朵后，他还不忘画上小草。同桌想帮他挑选淡蓝色的画笔，他很有主见地坚持自己选的紫色。组长看到别的小组已经完成任务便催组员快点，小T同学仍旧坚持自己不紧不慢的节奏，直到把最后一丛小草认真画完，同桌看后直夸赞。

三、培养学生的合作学习技能

一方面，每位组员都要有明确的个人责任意识。老师要给特需儿童创造展示自己才能的机会，引导他认识到每个人在小组合作学习中都有着举足轻重的作用，安排其担任相对来说操作不是太难的角色，如发现他任计时员很认真、任保管员做得很出色、任清洁员工作很及时等，老师都要给予表扬。另一方面，每位组员都要学习合作技能。教师要引导特需儿童认识到在小组合作中也要学会一些方法与技能：第一，不管是特需儿童还是普通学生，在综合实践活动课程中都应该有效倾听他人发言，经过思考再发表自己的观点；第二，能控制自己的情绪，在合作学习过程中学会换位思考、相互包容；第三，除被动接受帮助外，还可在合适的时机有礼貌地主动向他人寻求帮助。特别是如果特需儿童缺乏合作技能，往往很容易与其他同学发生冲突，从而影响合作学习的质量，所以师生要共同关爱特需儿童。

经过实践探索，课题组得出了这样的结论：增强小组成员的个体责任意识和合作技能可以有效提升学生合作学习的有效性。

四、立足缺陷微调课程内容

在综合实践活动课程实施的过程中，从课程目标、课程内容、课程实施和课程评价等4个要素中选择一个或多个要素进行调整，遵循"最小调整、最大融合"的原则，特需儿童与其他孩子课程内容相同，但要求特需儿童掌握的程度要体现层次性，适当降低学习难度。案例中小T同学有阅读障碍，不擅长朗读，那就改为让他听其他同学读，他只要读一遍关键词"视觉暂留"就可以。再如，其他孩子都要在观察记录表上用文字记录自己的发现，而小 T 同学的要求则是尝试说出或者画出陀螺的变化现象，让他用自己更擅长的表达方式来描述特定现象。

学校根据特需儿童的评估报告，制订个别教育计划，融合到适合他们的特色课程中，通过美术、陶艺、剪纸等特色课程提升其自信和团队合作能力，通过悦动广场、高尔夫训练场等体育体能课程改善其运动功能，通过悦彩农场、校园内的植物引导其认识农作物和其他常见的植物。以上活动既有认知认识，又有户外活动训练，同时室内与室外相结合，精细动作与粗大动作训练相结合，可谓丰富多彩，目的是立足缺陷，补偿教学。

二、合作学习习作清单

习作清单是过程写作法本土化研究的有效实践途径。教师应以建设合作学习小组为基础，通过设计符合教学内容和学生学情的习作清单，设置合理的教学环节等来保证习作清单教学的有效开展，从而推动写作教学由文章写作向过程写作转换。在大班课堂里，一名语文教师需要面对五六十名学生或十多个合作学习小组，习作指导能否全面、有效地开展是一大挑战。教师有必要引入指导学生个体和合作小组开展习作活动的习作清单（图 3-8）。

图 3-8　习作清单

习作清单的指导课由四个教学环节构成：确定素材、理解清单、片段写作、分享总结。下面以部编教材小学《语文》三年级上册的《我来编童话》为例，说明习作清单的操作。

【案例】《我来编童话》习作清单[①]

一、确定素材

1. 引出习作主题。

（1）你读过什么童话故事？（教师随机总结童话的主人公可以是人、动物、植物、玩具、物品等）

（2）你最喜欢哪篇童话故事，为什么？6 人小组组内交流，再全班分享。（教师总结：每个故事都有时间、地点、人或物，还有起因、经过和结果。板书出示习作清单的前两个条款）

---

① 引自董蓓菲《小学清单习作的实践研究》（《小学语文》2019 年第 10 期），本书有改动。

2. 确定习作内容。

6人小组内的每个学生写一个词语，表示谁、时间、地点、干什么，然后在全班分享（图1）。

[点评] 在导入环节，教师通过设问引导学生回忆、交流自己读过的童话故事，随机归纳童话的特点，并组织学生分工写词语，组成故事的基本要素，从而确定童话内容。

图1 小组成员独自写作

二、理解清单

1. 默读《熊二买快乐》，思考：这是一个童话故事吗？

圣诞节那天，熊二拿着12个森林币去环球商场买快乐。

熊二来到一楼奶茶店，老板娘熊猫摇摇头说："对不起，我们这儿不卖快乐。"他来到二楼玩具店，经理狐狸说："对不起，这儿没有快乐。"他走进森林超市，收银员猴子摊着手说："超市哪有卖快乐的？"熊二失望极了，垂头丧气地走在回家的路上。夕阳照在他的身上，一朵朵玫瑰花在风中摇摆着，散发出阵阵芳香。突然，啄木鸟医生开口了："熊二，你看，快乐就在你的身边，只是你没注意罢了。上回你开动脑筋，解开了一道很难的数学题，你不是笑了？这就是快乐！我帮树木捉虫子是快乐，玫瑰花盛开是快乐，是又香又甜的快乐。"熊二一听，想起了那次帮光头强灭火，帮兔妈妈背米，大伙都夸他，一下子就感到了快乐。

2. 全班交流（教师总结故事发生的时间、地点和人物，以及事情的起因、经过和结果）（图2）。

3. 小组合作讨论，找出描写动物像人一样说话、思考、有喜怒哀乐的句子。教师板书习作清单的条款三。

[点评] 学生在部编版小学《语文》三年级上册第三单元阅读了4篇童话故事，但是如何用拟人的方法写童话故事，仍是三年级学

图2 全班交流

生的学习难点。教师可以结合《熊二买快乐》一文，引导学生重点理解清单的条款三。为了突破学习难点，降低思维难度，教师组织学生开展合作学

习，找出并理解文中熊二、奶茶店老板娘熊猫、玩具店经理狐狸、啄木鸟医生"像人一样说话"，熊二从垂头丧气的失望到回忆自己助人后体验快乐的心情，从而理解拟人的写作手法。

三、片段写作

1. 6人小组分工写片段：两人写起因，两人写经过，两人写结果。
2. 仿照例文，小组成员合作写自己小组的童话故事。
3. 6人全部写完后，在组内轮读、修改（图3）。

[点评] 在一节课的时间内，学生个体难以独立完成一个童话故事。利用合作学习小组分工写话，合作成段，不仅能使每个学生都能参与写作活动，而且能使他们当堂就写出完整的篇章。这样既便于教师及时做出教学反馈，也有利于学生在后续的作文课上独立完成自己的作文。

图3　轮读修改

四、分享和总结

1. 教师推荐有代表性的合作学习小组分享自己的作品。
2. 其他小组依据清单条款评价该小组的作品，教师随机做必要的批注。
3. 教师总结童话故事的写法。

[点评] 从教师出示习作清单，到阅读例文理解清单条款，再到基于清单的合作写作，直至最后依据清单评价同伴作文，四个层次的基于清单的习作活动，让每个学生都对本次写作的要求印象深刻、理解到位。在这个过程中，教师通过清单所呈现的写作的陈述性知识，潜移默化、层层推进地引导全班学生逐步运用并转化为自己的程序性知识。

（点评人：华东师范大学教育学部教师教育学院　董蓓菲）

三、小组游戏竞赛法

小组游戏竞赛法的具体做法是，在小组游戏竞赛时按原有的学习水平抽取各小组能力同质的学生代表各自的学习小组参加游戏竞赛，每位成员都给小组积分，比赛后按各小组成员积分所得总成绩进行表彰。这种方法既适用于学科知识的学习，也适用于体育游戏活动的开展。具体请看同里实验小学在"赓续红色基因　强我同小少年"体育节中的小组合作游戏竞技赛这一案例。

【案例】

"赓续红色基因　强我同小少年"
——同里实验小学第二十四届体育节合作学习

一、时间

2021年11月5日（下雨顺延）。

二、流程

（一）8:00 篮球场集中

（二）8:20—9:30 入场仪式

1. 彩车（有建党百年和同里实验小学元素）。

向旅游公司借一辆电瓶车，进行建党百年的主题装饰。（闵荣生）

舞蹈队准备彩旗、手花、服装等。（张思成、林秋霞）

2. 班级主题入场式（将共产党人精神谱系作为集体项目进行评分）。

体育节合作竞技游戏安排

1. 各班在共产党人精神谱系中选择一种精神作为口号，不得重复。
2. 口号和队形训练。
3. 准备与精神谱系相对应的服装道具等。
4. 退休党员教师、党员家长代表做评委（评价表由闵荣生编制，学校教导处统计）

办公室：做每个班级的手牌，班级上报材料的制作。

班主任工作：（1）撰写解说词（100字左右）交到少先队大队部张佳雯处。（2）标志性宣传、服饰要求及准备（至少在队列前排要有体现此精神的标志性内容，如服装与队形、节目、模型等，班主任必须做好调查与排练）。（3）口号和队形训练（口号可以在"百度"平台通过检索"共产党人精神谱系"进行查找和提炼，注意要典型、精练）。

（各班班主任要充分发挥班级家长志愿者的作用，德育处扎口）

3. 开幕式及讲话：徐根泉书记讲话。

（三）9:30—10:20 集体比赛项目

1. 沙场点兵——武术操。

（1）参加对象：四、五、六年级。

（2）比赛地点：足球场。

2. 四渡赤水——集体跳绳。

（1）参加对象：一、二、三年级学生。

（2）比赛地点：篮球场。

（四）10：20—11：10 合作比赛项目

1. 高年级合作项目。

（1）血战湘江——运输伤员。

① 比赛规则：6人合作（3女3男），其中1人扮伤员，1人扮医护人员，在起点前行20米处进行包扎，4人抬担架，负重运送到相应地点。以到达目的地的时间先后评定胜负。

② 参赛对象：五、六年级每班1组学生参赛，每组3男3女。

③ 参赛地点：足球场。

④ 材料准备：担架3副，纱布，白大褂3套，红十字袖标数只。

（2）彝海结盟——2人3足接力。

① 比赛规则：参加2人3足接力比赛的共3组；1个班报名1个队，至少有1组女生。以到达终点的时间决定名次。

② 适用年级：五、六年级每班1组，至少有2名女生。

③ 材料准备：绑带。

2. 中年级合作项目。

（1）三军会师——拔河赛。

① 比赛规则：每班8男8女进行轮流比赛，决出前三名。

② 参赛对象：三、四年级每班1队。

③ 材料准备：长绳3条，白手套100副。

（2）挑粮上井冈——负重接力跑。

① 比赛规则：参照4×20米田径竞赛的规则，每队2男2女，负重5千克（肩挑）完成接力比赛。

② 参赛对象：三、四年级每班1组学生参赛，每组2男2女。

3. 低年级合作项目。

（1）翻越雪山——无敌风火轮。

① 比赛规则：6人一组利用帆布制作1个可以容纳全体团队成员的封闭式大圆环，将圆环立起来，全队成员站到圆环上边走边滚动大圆环。以完成路程所用时间为准评定胜负。

② 参赛对象：一、二年级每班1组学生参加比赛，每组3男3女。

③ 材料准备：布做的"风火轮"。

（2）蹚过草地——摸石头过河。

① 比赛规则：每人3块体操垫子，脚必须踩在垫子上，不断翻动垫子往前走，中间如果掉落就重来，以完成任务所用时间长短为评价标准。

② 参赛对象：一、二年级每班1组学生参加比赛，每组3男3女。

③ 材料准备：体操垫子。

（五）班主任要求

1. 选好参赛队员（除集体项目外，所有参赛队员不得重复）。

2. 选好班级宣传员，及时向学校宣传团队投稿，积极参与的班级酌情加分。

3. 教育、管理、组织好现场观摩和比赛秩序，如有严重违反纪律的情况，将进行扣分处理。

（六）班级趣味运动会（40分钟）

班级自行组织。学校给每班30份共150元左右的奖品配备，必须用于当天趣味运动会的奖励。

三、评价标准

1. 入场仪式50分，集体比赛项目10分，合作项目10分（5分+5分），个体项目10分，班级趣味运动会20分。

2. 按照年级评出前四名，列入班主任工作考核。第一名4分，第二名3分，第三名2分，第四名1分。

四、时间安排

1. 各班在10月22日之前上交口号、解说词给德育处张佳雯老师；将运动员名单上报给体育教研组沈晨老师；班级服装、道具、模型等到位。

2. 10月22日—11月1日道具到位，各班排练。

3. 11月3日彩排。

4. 11月4日，如有需要再次排练。

5. 11月5日一整天，举行"赓续红色基因　强我同小少年"体育节。

(设计者：闵荣生)

附：案例反思

在儿童合作学习驿站中培育合作素养

合作素养是21世纪公民的必备素养之一，关注合作素养具有重要的现实意义。它是一系列合作技能与态度的集合，涵盖愿景认同、责任分担、协商共进这三个要素。基于此，苏州市吴江区同里实验小学积极探索儿童合作学习驿站的构建，创设特定的时间和空间，在体育竞技游戏情境中，彼此交流游戏合作的体验，探讨得与失，分享喜与忧，然后找出解决办法，无形中提升学生在团队合作过程中发现问题、解决问题的能力，从而强化学生与同伴的合作行为，促进合作素养的培养。

以课题驱动　推动儿童合作学习驿站的构建

江苏省苏州市吴江区同里实验小学坐落于历史文化名镇同里，是一所拥有120年历史的百年老校，具有深厚的历史底蕴及文化内涵。2013年12月，学校主持的课题"从形式走向实质：小学生合作学习品质提升的研究"被立项为江苏省教育科学"十二五"规划重点课题。研究发现，合作学习品质的提升需要开放空间，必须充分利用校内外资源，突破学科壁垒，统整学科，创设学习情境，引导学生深度体验合作学习。为此，在"十三五"期间，学校继续主持江苏省规划重点课题"儿童合作学习驿站构建的实践研究"。

在学校各项课题研究的不断探索与实践中，逐渐形成了两条研究路径，"儿童合作学习驿站"雏形初见。一是依托国家课程，在常规教室实施基于学科的合作学习策略研究和自主管理模式探索；二是依托校本课程，对国家课程进行补充，在学习中心实施生生合作和师师合作的教学策略研究。为完善儿童合作学习驿站的育人功能，学校还利用校内的种植园、食堂、图书馆、体育馆和操场等开放空间，以及校园外的同里实验小学原址、名人故居、特色美食、著名景点等挖掘潜在课程资源，学校的"合作竞技游戏"课程由此而生。

应用于示范课程　培育学生合作素养

学校充分挖掘校园内的开放空间，以建党百年为契机，确定第二十四届体育节的主题为"赓续红色基因　强我同小少年"，并在操场进行合作竞技游戏。相关老师根据学生的年龄特点（高年级、中年级、低年级）进行了精心的游戏设计，并把学生合作素养培育嵌入合作竞技游戏，活动产生了非常好的效果。（图1）

图1　学校运动会

高年级：血战湘江——运输伤员

"血战湘江——运输伤员"竞技游戏的比赛规则：6人一个小组，其中1人扮伤员，1人扮医护人员为伤员绑紧绷带，其余4人分别抬担架。在起点前行20米处进行包扎，4人抬担架，负重运送到相应地点（图2）。以到达目的地的时间先后评定胜负。

图2　小组合作竞技游戏——运输伤员

第一步，确定角色分工。参赛小组在分配角色时进行了认真的讨论，如：研究各岗位人员需要哪些关键能力，"医护人员"负责包扎伤口，要求担任这项工作的组员必须手脚麻利；"伤病员"的扮演者体重不能太重；抬担架的4名组员必须跑得快；等等。经过研究，确定了角色分工。

第二步，谋划游戏战略。"伤病员"应躺在担架的正中间，不然担架倾斜了容易翻倒；在"医护人员"给"伤病员"绑绷带的同时，抬担架的组员要帮助"伤兵员"系安全带，两人同时进行以节约时间。

正式上赛场了，第二组配合默契，一个来回的速度明显比其他组快，可惜临近终点时，一位抬担架的男生把担架放得早了两秒钟，导致"伤病员"从担架上滚落，比赛失败。组员们个个垂头丧气，纷纷埋怨这名男生，男生红着脸沉默不语。老师在一旁引导："大家想想，他为什么会提前放下担架呢？"男生委屈地说："我眼看着马上到达终点了，就想早点放低，为'伤病员'下担架省时。"老师说："你的出发点是好的，是为了小组的胜利。如果我们提前做些准备，也许能成功。"同学们纷纷出主意："提前安排一位喊口令的同学，说'准备，三、二、一，放！'大家动作一致就没问题了！"老师及时评价："合作竞技游戏必须有统一的目标，有明确的分工和周全的策略，才能赢得胜利。"赛后反思提升的价值，远超竞技游戏本身！

中年级：三军会师——拔河赛

"三军会师——拔河赛"是合作与竞争共存的一种传统游戏，也是体育节必不可少的比赛项目（图3）。比赛规则为：每组8男8女参加比赛，三局两胜制，决出前三名。赛场上，哨声一响，双方队员就以迅雷不及掩耳之势抓住绳子往后拉，啦啦队队员们的加油声此起彼伏，一张张小脸蛋憋得通红……三局下来胜负已

图3 小组合作竞技游戏——拔河赛

定，胜者欢呼，败者也没有埋怨，而是纷纷交流体验。

"友谊第一，比赛第二。虽然我们输了，但通过比赛，我懂得了深刻的道理：人心齐，泰山移。一个小水滴只有融入大海才不会被蒸发，一个人只有在集体中才能发挥更大的作用。"

"渐渐地，渐渐地，绳子向对方那边移动，我们怎么用力拉也拉不回来了……对方有节奏地数拍子使力气，瞬间就赢了！拔河比赛不仅是勇者的游戏，更是智者间的比拼。"

"或许我们用力太猛,绳子一下子被拉了过来,同学们都摔倒在地,尽管手拉得生疼,屁股也摔痛了,但我们都笑得很开心,大家的汗水没有白流。"

在小组竞技与合作中,学生感受到了团队合作的意志力和战斗力,在努力实现目标的过程中享受着成长的乐趣,而不是太在乎输与赢。这样的竞技游戏体验提升了学生的合作素养,为其今后的合作学习和探究提供了技能与动力。

中年级:挑粮上井冈——负重接力跑

"挑粮上井冈——负重接力跑"参照4×20米田径竞赛的规则,每队4人,2男2女负重5千克(肩挑)接力完成比赛(图4)。当体育老师在做示范解说比赛要点与规则时,选手们思考:我们在游戏中该如何进行合作呢?

图4　小组合作竞技游戏——负重接力跑

组员认真观察过后,纷纷出谋划策:"当发现担子的绳子长短不一时,箩筐容易打翻,箩筐中的沙包需要放置平衡,不然扁担要翘起来。""交换担子时双手托住扁担会比较平稳。""跑步前进的时候不能光顾着快,还要保护好前后两个箩筐,不能让它们撞到自己的身体,否则影响速度。""准备接力的小伙伴提前做好起跑的准备,节约几秒钟也好!"……

经过观摩与热身体验,学生总结出了许多方法。难能可贵的是一名男生说:"万一没接稳,担子翻了,也不要紧张,赶快捡起来再跑。跑得慢总比没分数强吧!"这名男生面对突发意外的游戏情境时所采取的方式得当而有效,表现出了沉着从容的品质和较强的应对能力,这不都是合作素养的体现吗?

合作是关系到人才未来适应社会、立足社会的基础能力。素质教育是国民教育的根本宗旨。立足实际,致力长远,构建和谐稳定的社会环境,需要我们通力合作,携手前行。苏州市吴江区同里实验小学站在新时代的起点,鼎力创新,在基础教育阶段为学子夯实了成长的根基,丰满了翱翔的羽翼。

四、值日清单管理

值日清单是值日生需要完成值日工作的项目明细,它将值日岗位和值日要求以表单的形式呈现,反映了每个值日清单项目的具体目标(图3-8)。同里实验小学一年级班主任使用值日清单管理成效显著,在其他年级得到了推广。

图3-8　小组值日清单

【案例】让班主任不再为值日生工作而烦恼

　　放学时间到了,我一边叫小朋友背着书包排好队伍,一边把值日生留在教室打扫卫生。等我把学生送到校门口回到教室,眼前的景象让我惊呆了:值日生小王拿着扫把笑着跑着,值日组长边喊边追着值日生,还有几个值日生拿着工具在一边笑呵呵地看着——教室里一片乱糟糟。看到我出现了,孩子们马上开始打扫了。你仔细看看他们,有的反着拿扫把,有的桌子拖来拖去就是对不齐——开学已经两个星期了,还得我看着,我帮着打扫,我真的是欲哭无泪。这时组长向我报告,某某同学忘记留下来做值日已经回家了。
　　卫生情况的好坏直接反映一个班级的班容班貌,因此,开学初,班主任都会先安排好一周的值日生。我是老班主任了,已经多次带一年级,应该算有经验了。可为什么每次接手一个一年级新班,值日生都那么不听话,不好好做值日呢?我不能再让历史重演,我一定要改变这种累人的现状。
　　我努力反思之前的值日生管理模式:每天选出一名值日组长,由组长安排值日任务,带领学生打扫卫生,完成后我负责检查,通过后才能回家。这样的安排看上去应该没什么问题,那问题出在哪里呢?我努力思考着:值日组长年龄小,不会合理安排劳动工作,所以值日开始后常常有学生跑过来问我干什么；这周安排好了，等下一周做值日生又忘记了，又要来问干什么；每次值日的时间拉得很长，教室也打扫得不干净。我一离开教室，他们就趁机玩，完全不听值日组长的话。有的学生拿扫把都不会，更别提把地扫干净了。这些问题都说明：学生的值日岗位、具体工作不明确，需要一份具体的值日清单。

苏霍姆林斯基说："只有能够激发学生去进行自我教育的教育，才是真正的教育。"班级管理的最高境界，就是让学生学会自我管理。同里实验小学的小组合作学习已经开展多年，教师借助合作学习小组模式，把班级管理的权力逐步下放给了学生。组长和组员始终处于主体地位，学生自己管理自己，既能减轻班主任的负担，又能培养学生的自主能力和合作意识，实现从教师管理学生到学生自己管理自己。

传统的班级值日生管理，是由班主任选定成绩优秀的学生担任值日组长进行管理，这些班干部也就成了班集体的权威和榜样。这种不变的权威和榜样实际上是对孩子们多元化发展的否定，不仅剥夺了一般学生的发展机会，还压制了其他学生的自尊与个性。小组式值日管理的模式基于合作学习理论，将开放而有序的小组建设、班级合作规则与秩序的建立、班级卫生自主管理目标的确定与落实作为班级卫生管理的过程，通过搭建合作平台，提高学生的人际交往能力水平，创设和谐、自主的班级环境和班级氛围，全面有效地实施班级卫生管理。在合作小组班级卫生管理模式下，每个学生都能在班级卫生管理中有自己的一席之地，发挥自己的特长，每个学生都是班级卫生管理的主体，即使性格内向的学生也可以当劳动组长，这种管理模式有助于培养和提升学生自主管理班级卫生的能力与合作意识。

合作小组的组织结构只是"形"，班级管理制度和目标才是它的"魂"。值日合作小组管理模式要实现学生自我管理的目标，就必须在全体学生的共同参与下制订合理的班级劳动制度——制订值日清单。

值日清单实际上是对班级卫生工作的一个细化。为了充分发挥学生的主人翁意识，班主任可以利用晨会课或者班会课，和同学一起来制订值日清单。班级卫生工作一般有以下几方面内容：扫地、拖地板、排桌椅、擦黑板、倒垃圾等。由此我们可以确定这样几个值日成员：组长、扫地员、保洁员、排列员、除尘员和清理员。扫地员人数可以根据班级具体情况而定，比如打扫教室这项工作比较复杂，就需要3名或3名以上扫地员。工作任务和人员确定好后，需要对每项劳动工作进行细化，这样学生就能知道值日时应该怎样做。如：组长督促小组内成员认真做好值日工作，检查、记录当天值日情况；扫地员负责打扫教室地面，保证地上无纸屑等垃圾；保洁员负责拖地板，做到教室地面无污渍；排列员负责排桌椅，竖向、横向都要对齐；除尘员负责整理书柜、图书角，书包、图书要摆放整齐，还要负责整理讲台，有序摆放教具等；清理员负责擦黑板和倒垃圾；等等（图1）。

图1　分工值日

值日清单制订好后，学生就有了明确的值日内容和要求，班集体的每个学生都成了管理者，这种人人都是管理者的管理制度，会促进学生更严格地要求自己、完善自己，发自内心地以主人的身份改善自我、优化班级氛围。

自从我们一（5）班按照值日清单开展值日生工作后（表1），打扫教室的效率得到了很大的提升。

表1　小组值日清单

岗位名称	组员	值日清单
检查员 （值日组长）		1. 督促小组内成员认真做好值日工作 2. 检查、记录当天值日情况
打扫员1		打扫教室，（1）（2）（3）小组地面扫干净，保证地上无纸屑、垃圾等
打扫员2		打扫教室，（4）（5）小组地面扫干净，保证地上无纸屑、垃圾等
打扫员3		打扫教室，（6）（7）（8）两排地面扫干净，保证地上无纸屑、垃圾等
排列员		把教室内的桌椅排放整齐
保洁员		保持地面干净，有污渍及时用拖把拖干净
除尘员		教室的窗台、书包柜、讲台、办公桌擦干净，保证无灰尘
清理员		1. 教室卫生角全天保持干净；放学后及时清理垃圾，将垃圾倒入学校垃圾房 2. 每节课下课后及时擦黑板

按照值日清单开展值日生工作已有一个月，作为班主任的我显得异常轻松，现在我只要给值日生15分钟，他们就能把教室打扫干净，关键是我不用待在教室盯着他们。可以说，小组式值日的开展实实在在减轻了班主任的负担。（图2）

图2　老师对小组进行评价

（设计者：樊菊华）

【案例】值日工作中的死角

小吴兴冲冲地推开了办公室的门，后面紧跟着几个同学。一群人围着我，你一嘴，我一言。眼看着情形不妙，我赶紧放下手中的工作，带孩子们去走廊一探究竟。

小吴：老师，这个值日生没扫垃圾桶边上的纸。

小王（捂着鼻子）：老师，不知道谁在垃圾里倒了什么，臭得来！

小胡（义愤填膺）：老师，那些人老是把纸扔在外面，我们值日生累死了。

……

我心里暗自嘀咕：今天是怎么啦，都跟垃圾杠上了？

我（故作镇定）：基本情况已经了解了，但我要去实地考察一下，然后再做定论。

此时，我心中大概有了一点眉目：几个孩子不守规则，在扔垃圾的过程中没有打开门，垃圾散落在垃圾桶外。

我明明安排了卫生监管员，怎么还会出现乱扔垃圾的现象呢？我悄悄找来卫生监管员了解情况。一一询问后，我才知道，卫生监管员也是抱着睁只眼闭只眼的随意态度。有时个别同学为了节省时间，好早点出去玩耍，就把垃圾随手一扔，垃圾可能没进柜门，而是掉在了垃圾桶外。长此以往，卫生角附近就出现了黑黑的污渍，但这也是值日生工作的死角。

这只是值日工作的一个小缩影。在值日过程中，存在着各式各样的问题。有的扫地的同学拿着扫把装样子，有的排桌子的同学排一下桌子跟旁边的同学玩一会，有的拖地的同学把拖把当成毛笔在地上作画。每天的值日生拖拉情况严重，到下午4点半工作才开展了一半，还需要老师不时地监督。在老师的催促声中，值日生工作草草了事。值日工作完成后，教室里还会有一些小纸屑，有些桌子还是排放得歪歪扭扭的，地上明显的污渍还在。

[思考]
1. 对这样的卫生重灾区该怎么办呢？
2. 多安排几个卫生监管员监督，情况会不会好点呢？
3. 教师如何转变角色，放手让学生管理值日工作？
4. 教师如何提高学生的自我管理能力？

[分析]
主题班会课是班级文化建设的主战场。班会是以班级为单位的全体学生的会议或活动，它既是班主任对学生进行管理、引导和教育的重要途径，又是培养和展现学生自我管理能力，培养和增强学生主人翁意识的重要方式，同时也是处理、解决班级问题，开展各项活动的有效途径。通过情景剧《垃圾桶爷爷的自述》的表演，学生认识到了班级值日工作的重要性。通过畅所欲言提问题的调查，我们发现了男生和女生的比例不均，劳动能力不均，后进生不做值日生等问题。通过集思广益，学生提出通过小组合作的方式自我管理值日工作。一堂形式多样的主题班会，打开了解决值日工作中存在的疑难杂症的思路。老师在主题班会活动中充当组织者、引导者的角色，积极调动学生参与的积极性。

本班值日评价实行积分制(图1)，不同的值日表现会获得不同的分数，积累到一定的分数值可以换取免值日券。表现好的同学积分多，免值日的机会自然也多，每周的值日基本可以免做。表现好的同学一般是所在组的组长，一个小组少了组长，好比少了

图1　组长对组员进行评价

主心骨，组员往往会拖拖拉拉迟迟不做值日生。少了一名组员，多出来的值日工作没人做，其他组员也不按照值日表完成自己的任务，要做也挑相对轻松的值日工作。班级中后进生比较多，有的时候老师会留下这些学生单独辅导。长此以往，这些后进生抱有留下接受辅导就可以不做值日生的侥幸心理，无形中给组内的其他同学增加了值日工作的负担。有的小组后进生比较多，值日效率自然就更低了。有的小组男生多，值日效率也比其他小组略低一点。

班级值日问题对教师而言是一种挑战，也是一种机遇。教师应根据自己班级的情况，制订切实可行的方案。值日生合作管理方案在实施过程中也存在较多问题。通过一次次的主题班会，教师引导学生集思广益，多方位地调整主题班会的终极目标，学生通过合作管理高效地完成值日工作，提升学生的劳动能力和合作意识。

值日生合作管理的行为习惯不是一天两天就可以养成的，需要循序渐进。教师应组织多种只有合作才能完成任务的值日活动，给学生提供锻炼的机会，为值日生创造与同伴进行合作性竞争的机会，使学生在实践中学会合作，从而进一步培养学生的合作精神。

（设计者：李晓文）

【案例】值日清单在小组合作班级管理模式中的探索与实践

新课程标准积极倡导自主、合作、探究的学习方式，小组合作学习已成为提高教学效率的新策略，合作交流成为学生学习的重要方式，与之相配套的小组合作班级管理模式也应运而生。小组合作班级管理模式不仅适用于学生的日常学习，也适用于学生在校的方方面面。本学期小组值日对小组合作班级管理模式进行了进一步的探索，实践证明，小组值日能更加有效地提高值日的效率和质量，从而增强学生的合作意识。

一、传统值日模式描述

在传统值日模式下，学生的值日岗位不明确，对教室的值日内容学生只是大概了解，班主任仅在口头上向学生做一下介绍，学生也只是表面了解要做哪些值日工作，以致值日无法做到细化和质化，也无法衡量和评价学生的值日情况。值日岗位缺乏具体分工安排，值日生对自己的岗位要求不明确，只能听从组长随机安排，在安排协调的过程中必然存在一定时间的浪费，影响值日效率。在传统值日模式下，有的学生会钻空子，认为反正有人会做的，因此不认真值日，有的玩，有的打闹。这样就导致其他认真值日的学生心理不平衡，值日效率也就大大降低了。长此以往，学生值日热情降低，为了完成任务而完成任务。传统值日模式缺乏评价机制，学生只要每天完成值日即可，对完成值日的时间和质量没有具体明确的要求，每天的值日情况也没有相应的反馈，缺乏相应的奖惩机制，值日工作做得好与不好似乎都无关紧要，由此导致学生无竞争意识，小组合作班级管理模式也无法良性开展。

二、小组值日清单的实施

1. 小组值日清单的生成。

对小组值日清单进行相应的设计和美化，利用彩纸、彩印等，设计活泼而有个性的小组值日清单（图1，图2），并将其张贴在教室里显眼的位置，不仅能展现小组值日教室文化，让学生时刻浸润在小组合作的氛围中，还能增强他们的小组值日意识，进而提升其合作意识。

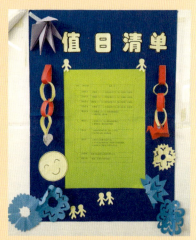

图1 活泼而有个性的值日清单

2. 值日生小组安排。

遵循人人值日岗位责任制，结合平时实行的合作学习小组，将班级学生整合分成5个小组，实行每组每周值日一天的值日制度。根据平时对每位同学的观察和了解，在组内对每位同学进行值日清单的任务分配，保证人人有事做，人人胜任。为了展现每个小组的特色，要求学生为自己所在小组取一个特别的名字，让人听过就不会忘记。

3. 值日组长确认和培训。

团队需要领航员，小组需要组长。好的组长能带领整个小组取得好的成绩，因此组长的选择和培训非常重要。组长不一定要成绩好，但一定要有威信，必须具备一定的相对于组内其他同学较强的能力，如领导能力、协调沟通能力、表达沟通能力、评价能力

图2 个性化的小组值日清单

等。当然，除了这些能力外，还要有奉献精神和乐于助人的品质。对组长的后续培训也要及时跟上，因为组长虽然比其他学生能力强点，但毕竟还是孩子，很多方面还是需要班主任多多指导。

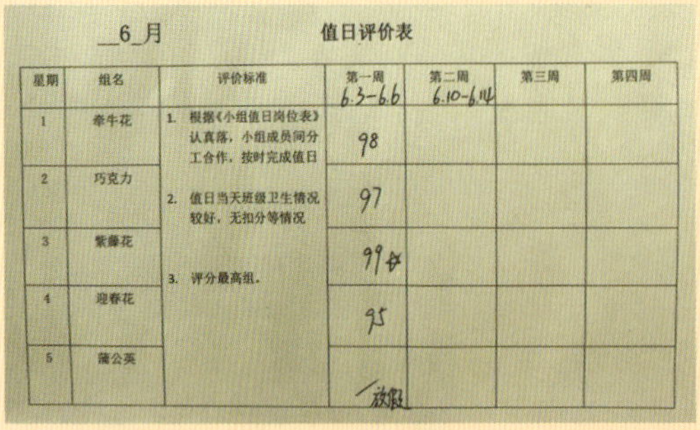

__6_月　　值日评价表

星期	组名	评价标准	第一周 6.3-6.6	第二周 6.10-6.14	第三周	第四周
1	牵牛花	1. 根据《小组值日岗位表》认真落，小组成员间分工合作，按时完成值日	98			
2	巧克力	2. 值日当天班级卫生情况较好，无扣分等情况	97			
3	紫藤花	3. 评分最高组。	99☆			
4	迎春花		95			
5	蒲公英		/放假			

图3　值日评价表

4. 值日评价和激励机制。

值日评价是为了检查小组值日情况，发现问题，找出差距，明确方向，从而促进小组值日的有效开展（图3）。值日评价要建立在公平、合理的基础上，而且还要有一定的标准。值日评分标准：根据小组值日岗位表认真落实岗位职责，小组成员间分工合作，按时完成值日，值日当天班级卫生情况较好，无扣分等情况，符合以上要求的，可获得最高评分。班主任每周从5个小组中评选出值日明星小组，颁发值日明星小组奖状，并拍照留念，发到家长QQ群，以资鼓励。到学期末，班主任统计5个小组获得的值日明星小组奖状数量，评出前三名的小组，并给第一名、第二名、第三名颁发学习奖品。在这样的激励机制下，学生的值日积极性得到很好的调动，同学们都希望自己所在的组成为最棒的小组，为自己的组争取荣誉。小组与小组之间的竞争，能促进小组成员间的团结，使每个同学的能量得到最大限度的发挥，从而促进学生素质的全面提升。

三、实施小组值日清单过程中的发现和反思

在实施小组值日清单的过程中，教师发现有些孩子对自己值日岗位的具体分工还不是很清楚。解决这一问题的方法是，将5个小组的值日岗位分工公布在教室前面的墙上，供学生及时查看，要求学生快速知道自己周几值日，对具体做什么做到心中有数，并要求组长及时提醒和督促。在实施前期，每天的晨会课上，教师向学生强调值日清单，让学生明确岗位职责。实施了小组值日清单之后，职责清晰，分工明确，值日过程井然有序，有效地提高了值日的速度和效率，整个班级的卫生状况有了一定的改善。不但如此，实施了小组值日清单后，每个学生都有具体的职责分工，每个学生都要参与集体值日，加上小组评价和激励机制的促动，学生的值日热情高涨。这对于培养学生的责任感、建立友好的伙伴关系、培养学生的协作精神都起到了很好的作用，对于小组合作班级管理模式也是一个新的探索。

（设计者：蒋小芹）

五、项目化学习

项目化学习强调跨学科的学习,要求以学生为中心,需要老师为学生构建一个解决问题的环境,包括组建一定的团队,提出一系列的开放性问题,抛出一个个"驱动任务"等,目的是让学生运用所学的知识,或者为了达成这个目标去学习一些知识,从而解决问题。项目化学习大致可分为4个阶段:引入阶段、建构知识和技能阶段、作品完成阶段、作品呈现阶段。

项目化学习"校园指示图设计"产生的背景:在学校新建两栋教学楼后,校园规模扩大了不少。但新到学校的学生、前来参会的家长和外校来访的教师很容易迷路,为了解决这个实际问题,我们启动了"给校园设计指示图"的项目。同学们的调查、选址、设计、海选及最终成果呈现,为校园合作学习文化画上了亮丽的一笔(图3-9)。具体请看案例。

图 3-9　校园指示图作品海选

> 【案例】校园指示图设计活动方案
>
> 一、活动目的
>
> 自2018年同里实验小学科研课题"儿童合作学习驿站构建的实践研究"被作为江苏省"十三五"教育科学课题立项以来,我们致力于校本课程的开发,在校本课程组的努力下,"儿童合作学习驿站"校本课程已成雏形。为了校本课程的实施,增强学生的合作意识,展示合作能力,提升小组凝聚力,彰显合作共生的特色校园文化,现举办校园指示图设计活动。
>
> 二、活动主题
>
> "合作展风采"校园指示图设计。
>
> 三、参与人员
>
> 三至六年级学生、四年级班主任。
>
> 四、活动时间
>
> 4月17日—5月29日。
>
> 五、教学活动内容
>
> (一)校园指示图设计指导课
>
> 1. 参与人员。
>
> 四年级学生及各班班主任。

2. 活动时间。

4月17日—28日。

3. 活动内容。

各班班主任负责合作意识课，指导小组开展校园实景勘测，小组分工合作后，形成校园指示图设计草图，班级投票后选出两幅设计草图作为班级代表作。

（二）校园指示图设计草图的修改

1. 参与人员。

四年级学生及美术老师。

2. 活动时间。

4月28日—5月15日。

3. 活动内容。

美术老师在小组设计草图的基础上，从审美角度和科学布局角度进行指导修改，小组进行二次创作和修改，形成最终稿。

（三）校园指示图海选准备

1. 参与人员。

代表作品小组及美术组。

2. 活动时间。

5月15日—22日。

3. 活动内容。

各个小组对作品的设计意图、合作分工、作品寓意、作品闪光点进行描述，并录制拉票视频。美术组学生制作校园指示图海选展板。

（四）校园指示图海选

1. 参与人员。

三、五、六年级学生及美术组学生。

2. 活动时间。

5月22日—29日。

3. 活动内容。

参与评选的班级在班主任的组织下观看海选拉票视频，随后小组实地观看设计图并投票。

（五）校园指示图海选揭晓

1. 参与人员。

三、五、六年级学生及美术组学生。

2. 活动时间。
6月2日。
3. 活动内容。
根据海选票数，最终揭晓东校门指示图和北校门指示图获选。后续与设计公司合作，最终将作品展示在校门口。

苏州吴江同里实验小学
2020年4月16日

【案例】

掌舵与放任
——校园指示图合作设计案例分析

一、情况简介

合作就是个人与个人、群体与群体为达到共同目的，彼此相互配合的一种联合行动方式。这次四(6)班进行校园指示图的设计，为构建良好的合作平台和有效地实施合作，我将班级成员分成7个组——星光组、土星组、阳光组、旋风组、闪电组、火星组、月光组，并最大程度地根据自己对学生的了解，合理搭配组员。因四年级学生的思维习惯和平时的学习模式在一定程度上制约了他们对小组合作方法的理解，所以这次的校园指示图合作设计，教师在讲解步骤时较为详细，以使学生更快地融入自己的角色，并最大程度地调动学生的积极性。

(一) 小组分工

主持人，负责草稿图的呈现。

记录员1、报告员1，负责设计图的上色。

教练员，配合组长提供草稿图的修改意见。

记录员2，进行实物比例的测算、提供画图工具。

报告员2，收集建筑物名称、提供上色工具。

(二) 小组活动

所有组员到实地查勘，并且在所画指示图范围内活动，了解相关建筑及其方位，为后面的设计做铺垫。

(三) 小组讨论

在查勘校园整体之后，组员集中在一起讨论北门校园指示图应该纳入哪些重点建筑，用什么类型的图标更容易让人理解或者独具一格。

（四）小组实施

组员根据实地查勘的数据，讨论明确指示图的类型并且逐步实现草图的呈现、录名、上色。

二、案例介绍

火星组沈筱雨同学是组长、土星组陈曹亦晗是组长，这两个小组在活动实施过程中的表现可圈可点。在去教室外面了解校园建筑方位和名称的过程中，组员们开始的兴奋感有些盖过本次小组合作活动的目的性，经过两位组长的及时引导，在校园内采集数据的时候，没有再发生太多与合作学习无关的事情。组员们基本都能围绕本次合作学习的中心开展活动，记录、测算、预估、筛选等一系列活动在有条不紊地进行（图1）。这两个小组的数据整理得井井有条，这也为后面他们的设计图脱颖而出打下了坚实的基础。

图1 小组分工记录

在构建草图的过程中，这两个组的同学不仅能够在一起有效地讨论应该将哪些建筑纳入本次指示图的设计，并且在老师的前期指导下，合理删除不必要的内容，而且还能够通过讨论统一指示图的方向箭头、建筑物框架、布局的疏密等，为后面的上色提供便利。特别是在建筑设计环节，3号组的讨论具有典型的四年级学生特征。

A：我认为应该在建筑图标的地方画一些花朵让图片的色彩更加鲜艳。

B：我觉得可以再加一些小草之类的点缀。

C：可是老师说这些图片都是要展示给来我们学校的客人看的，并且要为他们指明方向。老师强调过几次要简约，让人一看就明白。

B：画点小花小草又没事，怎么会影响看图呢？

F：我看别画了吧，之前展示的样板中图片都很简单。再说，谁会去看这些花呀？

E：是的，我也觉得没必要，指明方向的图片应该是给别人指路用的。

B：好吧，那我们就简单明了一些。

三、案例分析

（一）小组合作要"掌舵"

按照儿童心理的发展规律，四年级学生的逻辑思维能力处于刚起步阶段，这个时间段，学生比较容易受到各种因素的干扰。所以我在讲解的过程中展示的示范图都是比较简单和经典的，中心也简单明了，将学生的思维局限在小范围内发散。虽然在有些教学中，这并不是很好的教学手段，但是在这次的教学过程中，小组合作指示图的设计完全应该在这样的框架内实施。在案例中，三组同学的讨论过程更加让我觉得：小组也应该在既定的框架内分工合作，发散太大，容易主次不分，并且也与这次综合实践活动的目标和成果也不相适应。

（二）小组合作也要"放任"

从组内同学的讨论中，我能感受到学生的活泼与灵动。他们主动添加一些无关紧要，甚至在我看来非常搞笑的东西。这是孩子的天性使然，追求美丽是小学生的正常反应，但是与本次主题是相悖的。在这种情况下，我没有在第一时间出来阻止，而是静听他们的讨论——他们竟然能够将自己的发散性思维通过讨论扭转到简单明了上面，这不仅让我看到了合作的魅力，更让我看到了孩子们愿意表达、乐于接受的心理变化，从侧面也能看出孩子们心理成长的轨迹和逐步走向成熟的人格。

（设计者：吴耀峰）

【案例】

"爱哭鬼"与"碰不得"
——校园指示图合作设计案例分析

一、基本情况

四（1）班共有7个合作学习小组：樱花组、凤凰组、飞龙组、桃花组、战狼组、天雷组、水仙组。本次校园指示图合作设计课程的上课地点在东校门。7个小组的成员依次排好队伍来到东校门，分别了解食堂、体育馆、操场、教学楼等建筑物的方位顺序。然后小组各自讨论，交流如何标示出这些建筑物，让来访人员能一目了然，清晰地辨识。接着各小组展开了激烈的讨论，并各自分配成员负责相应的工作，如创意、绘画、涂色等。最后收齐7个小组的7幅作品，这7幅作品的完成度相当高，不论是创意还是配色，几乎无懈可击。

二、案例介绍

樱花组从7个组中胜出，樱花组的主持人是倪璇，组内有两个特殊生——记录员齐嘉璇和董馨瑶。齐嘉璇脾气很倔，一有什么不称心的事情就会生气不理人，是个"碰不得"。而董馨瑶则是有一点点小事就会大哭，哭得停不下来，简直是一个"爱哭鬼"。她喜欢做自己的事情，不太合群。有这样的特殊生在樱花组，也很考验组长的带队能力。刚开始倪璇的提议是以校标为主题创作草图（校标如同一个光芒万丈的大太阳，给人的感觉很温暖、很舒服），以太阳光线为箭头标示出各个建筑物的名称。组员们很配合，倪璇首先打了草图样，分配了涂色和勾线任务。此时，董馨瑶正在玩自己的小玩意，倪璇很有耐心地跟她说："请加入我们吧，我们需要你的帮助，你可以负责选色吗？"没想到董馨瑶欣然接受了。董馨瑶对于草图的配色还是小有想法的，而且她听说是给一年级小朋友画的指示图，就更愿意去做了。此时，倪璇看到齐嘉璇没有加入，正在看自己的课外书，于是也很善意地询问："你能帮我们出出主意吗？这边该怎么画？"齐嘉璇是一个很没有自信的孩子，总觉得自己干这不行、干那也不行。倪璇的话让他感受到，原来自己还是可以帮到大家的。于是，他先是愣了一下，不知道该怎么回答，紧接着他很小心地说："我也不太会，那我们一起来想想吧！"没想到，原本最弱的一个小组，反而在组员的齐心协力之下完成了作品。在整个过程中，组长倪璇的处理现场能力是大家有目共睹的，她能够将两位特殊性格的小朋友召唤到组内并顺利进行小组合作。

三、案例分析

本次小组合作设计校园指示图，让我感受到教师在占主导地位的情况下，完全可以放手让学生自己去观察、思考、交流，乃至动手完成（图1，图2）。不要总是觉得孩子们不行，做不好。一个好的组长，会根据每个学生的所长去分配工作，毕竟孩子们在一起的时间长，能够了解各自的爱好和特长。不可否认的是，孩子们的想象力是相当丰富的，他们可以想到一些稀奇古怪的创意，为作品增色，可能这就是儿童的天性吧！作为老师，在孩子们发挥个性特长时，一定要给予鼓励，必要时还要给他们提供帮助。这样孩子们才能在摸索中成长起来，合作学习活动也才更有意义。

图1　合作观察

图2　合作绘制校园指示图

（设计者：邵素行）

【案例】

让每个学生成为小组学习的主人
——校园指示图合作设计案例分析

一、情况简介

小组合作学习是新课程实现学生学习方式转变的着力点,它给每个学生提供交流与表现的机会,被认为是营造宽松自由的学习环境,促进学生学会学习、学会交往的有效方式。这次四(2)班进行校园东校门指示图的合作设计,教师将班级成员分成8个组:摩羯组、射手组、白羊组、天蝎组、狮子组、水瓶组、双子组、金牛组。团队的合作,需要合理的分工。"寸有所长,尺有所短",发挥每个人的长处,将每个人的优势结合在一起,形成一个完美的组合,做事往往会事半功倍。同时,这样也能锻炼和提升同学们的组织能力、策划能力等。

(一)活动目标

我在指导校园指示图的合作设计时,首先制定了目标,具体如下:

1. 了解指示图的功能和作用,培养学生的空间转换意识。
2. 掌握指示图的基本绘制方法,学会画校园平面图。
3. 将各学科知识学以致用,培养学生小组合作能力和动手实践能力。
4. 学会制订行动计划,通过分工合作完成任务。
5. 增进对校园环境的了解,提高文化修养。

(二)小组分工

在小组分工上,我尽量安排细致,让每个学生都有事可做。

主持人,负责草稿图的呈现。

记录员1、记录员2,负责勘测、记录数据,进行实物比例的测算。

教练员,配合组长提供草稿图的修改意见,收集建筑物的名称。

汇报员1、汇报员2,提供上色工具,上色。

(三)小组活动

所有组员到实地查看、勘测、记录数据、进行手工绘制、呈现样图、排版、呈现成品校园指示图。

(四)小组讨论

经小组商议,在保持全面性、真实性、便捷性的前提下依次实施以下活动:摸清校园的整体布局(建筑物的分布)、实地测量收集数据、确定绘图比例尺、绘制校园指示图、设计添加图例、设计搭配颜色。

(五)小组实施

组员根据实地数据,通过讨论明确校园指示图的类型,并且逐步实施草图呈现、录名、上色等。

二、案例介绍

图1　指导校园指示图的合作设计

当小组正在热闹非凡地讨论学校东门指示图的草图绘制时，我仔细观察发现，某组中的成员——主持人、汇报员1这两个学生主导着讨论并频频发表自己的意见："我认为建筑图标应该……"教练员、两位汇报员和记录员1在认真聆听并积极做出响应，而记录员2根本就不参与，不自觉地成了陪衬。讨论停止后，我提出让记录员2来发表一下见解，他说，他不太会画画，也没有什么好点子，他想为同学们做好后勤服务，帮他们传画笔、找颜料。我表扬了他，并且告诉他："巧妇难为无米之炊，你的后勤工作很重要。"（图1）

三、案例分析

这个案例不禁引发了我的思考。在合作时，我们要充分考虑到学生与学生之间的互补性，让不同性格特征、不同思维特质和潜力倾向的学生组成小组，并使每个小组的潜力水平和知识视野基本保持一致，从而构成竞争态势。小组内的成员必须有明确的分工，要努力让每个学生在小组合作学习中都有事可做，都有表现自己的机会，都能意识到自己是小组不可缺少的一分子，都成为小组合作学习的主人。

同学们在本次东校门指示图的合作设计中始终保持积极、主动的状态，轻松、愉快地参与活动，感受、体验着合作带来的快乐。

（设计者：刘琳）

【案例】

合作学习小组指导应粗细有度
——东校门指示图合作设计案例分析

一、基本情况

在此次小组合作中，我们班学生分成了7个组，分别为星光组、彩虹组、银河组、芒种组、白露组、玫瑰组、百合组。在分组时，尽可能按照学生的情况均衡分配。在上课前，我们首先对校园进行了一次勘察，并在重点建筑物前详细讲解其位置与名称，让学生对校园的整体布局有一个初步的空间概念。在教室上课时，由于学生对校园指示图的概念并不清晰，所以我们先重点介绍了什么是校园指示图、它通常出现在哪里、起什么作用。然后给每组发了一张校园地图，便于学生设计校园指示图时参考路径和建筑物名称。剩下的时间就尽量交给学生自行创作，教师并没有做过多的限制与引导。最终学生交上来7幅作品，每幅作品都有可圈可点的地方，也各有不足之处。本次小组合作涉及的内容比较多，时间也比较有限，因此在小组分工上，我特别注意人员分配的均衡性。

小组分工如下：

主持人，负责草图与统筹分工安排。

教练员，负责统计设计灵感，记录设计过程。

记录员1、记录员2，负责草图的修改，以及实物比例的测算。

报告员1、报告员2，负责搜集建筑物的名称，给图片上色。

二、案例介绍

在制作校园指示图的过程中，我发现有两组具有典型性，一组在合作时井然有序，一组在合作时出现了合作不默契的问题。

星光组认为既然是校园指示图，就应该详细而又不失美观，所以在制作时非常认真，标示很精确，上色非常鲜艳美丽，大家合作时也井然有序，最终交出了一幅让大家惊叹不已的详细指示图。在完成度上，星光组可以说无懈可击，但是对指示图的理解还是稍有偏颇，没有做到简单明了。

彩虹组是一个以男生为主导的小组，交上来的作品简洁明了，完成的速度也很快，但是在色彩与创意方面就比较欠缺了。在小组合作的过程中，由于男生比例较高，因此集中度不是特别高，配合的默契度也有待提高。

三、案例分析

通过比较班级的两幅典型作品，我有以下两点心得。

1. 在有了校园地图这一参考之后，学生的思维固化，认为校园指示图就是给校园地图加上箭头，他们的任务就是将校园地图尽可能地进行美化，殊不知这是在画蛇添足，原本付出大量心血的精美作品反而离校园指示图的设计要求越来越远，他们忘记了校园指示图应简洁明了，要让人能一目了然这一要求，过分追求美观而忽略了校园指示图的功能性。

2. 在让学生充分自由发挥的同时，还要对其进行"要求"，毕竟学生的思维能力还不够成熟，还是需要一定的指导与提示，以免顾此失彼。在设计制作校园指示图的过程中，老师还要及时加以提醒与指导，既要帮助他们跳出固定思维，又要将他们圈在要求的范围内。

通过此次合作设计活动,我发现,学生的想象力是很丰富的,他们的思维有成人意想不到的亮点,在规定了活动的时间后教师完全放手让他们自己完成,他们反而有了自我约束,在事情的安排上,有了详尽的计划,并且能大胆表达自己的想法,踊跃参与集体活动。合作设计活动也增进了同学们的友谊,从一次次的意见不合到最后统一意见,既是思维的碰撞,也是友谊的升华。(图1)

图1 合作设计成果展示,小组互评

(设计者:王晓澜)

第四章

儿童合作学习素养培育的教学范式

  为了有效提升小学生合作学习素养,同里实验小学做了很多新的尝试与探索。我们充分发挥学习单作为学习支架的功能,开展基于合作的各科教学活动,如创设学习中心,采用师师合作教学、学习站模式教学等。此外,还充分利用学校资源,开展项目化学习。

第一节 合作学习支架——学习单

一、学习支架解读

1. 支架及支架式教学的含义

支架原是一种建筑隐喻，后被用来描述同行、成人或有成就的人在另外一个人的学习过程中所给予的有效支持。在维果茨基的社会文化学说中，有一条重要的信条便是"搭建脚手架"。儿童依靠成人的帮助搭建起学习的框架，这对儿童的认知与心理发展是最为重要的。学习支架理念在支架式教学这一教学模式中得到了最为真切的描述。支架式教学是以维果茨基的最近发展区理论为基础的一种新的建构主义教学模式，它是指通过支架（教师的帮助）把管理学习的任务逐渐由教师转移给学生自己，最后撤去支架。在支架式教学中，教师作为文化的代表引导着教学，使学生掌握、建构、内化那些能使其从事更高认知活动的技能，这种掌握、建构和内化是与其年龄和认知水平相一致的，一旦学生获得了这种技能，便可以更多地对学习进行自我调节。

2. 学习支架的含义

我们认为学习支架是学生在合作学习时教师为他们提供帮助的各种材料，可以是范例、问题、建议、指南/向导、表格、图表、解释、对话、合作等。学习支架能组织和帮助学生不偏离学习目标，为他们引领正确的方向。学习支架有助于学生对知识，特别是隐性知识的体悟与理解。

3. 学习单的含义

合作学习作为一种学习方式，其核心技能是明确并履行个人职责、掌握合作技能；作为一种教学策略，其核心技术是选择合作学习的时机，设计并运用学习单，实施合作学习评价。

学习单是合作学习小组学习时的一张功能性菜单，它的作用是在小组合作学习期间，使学生明确合作学习的程序、内容，反馈学习结果。学习单的设计综合反映了教师对教材的理解能力、对学生心理的认识程度和学科教学实践能力。

学习单就是教师精心准备的一种学习支架，学生可以在学习单的引领下有序地开展探究活动，完成学习任务，达成学习目标。

二、学习单的设计

为了有序、有效地开展合作学习，必须让学生明确小组合作学习的任务和要求、完成任务的方法、评价的标准等，这些都可以借助学习单呈现给学生。学习单由内容要素、程序要素、时间要素、评价要素等4个要素构成。除此之外，还可以适当增加评价的要求等，以便学生更好地对照要求，逐步开展合作学习活动。

（一）语文学习单

【学习单1】

课题：雪地里的小画家。

教材：部编版小学《语文》一年级上册。

说明：第一课时目标为结合插图，知道小动物脚印的不同形状，了解青蛙冬眠的特点。本学习单在读完课文第2句后使用。

学习单（8分钟）

1. 自由朗读课文第3~4句。

2. 用横线划出表示文中小动物脚印形状的词。

3. 独立思考，仿照例句说一说。

例句：雪地里来了小鸡。它画了竹叶。

雪地里来了（　　　）。它画了（　　　）。

4. 组内交流。

（设计者：李晓文）

【学习单2】

课题：猫。

教材：部编版小学《语文》四年级下册。

说明：第二课时目标为抓住重点词句，体会作者如何把猫的特点写具体，感受作者对猫的喜爱之情。本学习单在梳理完文章脉络后使用。

学习单（15分钟）

1. 默读课文1~5自然段并回答：你从哪里读出了猫的古怪？用直线划出相关词句，并写批注。

2. 小组交流自己划出的词句，说说为什么划出这些词句。

3. 小组讨论，填表（表1）。

表1 猫的性格特点

猫的性格特点	表现猫性格特点的具体事例

(设计者：张佳雯)

(二) 数学学习单

【学习单1】

课题：年月日。

教材：苏教版小学《数学》三年级下册。

说明：第一课时的目标为通过观察年历，知道大月、小月等方面的知识，能记住每个月的天数，能区分大月和小月。本学习单在揭示课题后使用。

学习单（5分钟）

1. 独立观察年历表并填表（表1）。

表1 12个月每月天数

月份	1	2	3	4	5	6	7	8	9	10	11	12
天数												

2. 小组讨论：观察表格中12个月的天数，它们能分成哪几类？

3. 小组讨论完成填空。

① 有31天的是大月，有（　　　），共（　　　）个大月。

② 有30天的是小月，有（　　　），共（　　　）个小月。

③（　　　）月有28天或者29天，既不是大月，也不是小月。

(设计者：徐蓉)

【学习单2】

课题：三角形的内角和。

教材：苏教版小学《数学》四年级下册。

说明：第一课时目标为使学生合作探究得出三角形的内角和是180°。此学习单在教学完例题后出示。

学习单（5分钟）

1. 两两合作，轮流测量一种三角形的3个内角。
2. 组内交流并记录测量的结果，填写表格（表1）。

表1　三角形及其内角度数

三角形	三个内角的度数			内角和
锐角三角形	∠1=	∠2=	∠3=	
直角三角形	∠1=	∠2=	∠3=	
钝角三角形	∠1=	∠2=	∠3=	

3. 组内讨论，说说有什么发现。

（设计者：吴晓婷）

（三）英语学习单

【学习单1】

课题：What's in your bag?

教材：牛津译林版小学《英语》一年级下册。

说明：第一课时目标为使学生学会正确询问时间和表达时间。本学习单在学习新单词和句型后使用。

学习单（10分钟）

1. 组内分角色朗读课文。
2. 独立思考：杨玲的包里有什么？刘涛的包里有什么？在表格相应处打钩（表1）。

表1　答题表

	two books	three stickers	a yo-yo	a bottle	a bird	a hankie
Yang Ling						
Liu Tao						

3. 组内交流答案。

（设计者：范玲娟）

【学习单2】

课题：Our school subjects。

教材：译林版小学《英语》四年级下册。

说明：第一课时目标为使学生学会正确说出自己所学的学科和所喜欢的学科。本学习单一是在学习新单词和句型后使用，学习单二是在学习课文中使用，学习单三是在学习课文后使用。

学习单一（2分钟）

1. 独立观察图片并想一想图片上有什么（图1）。

2. 小组讨论，编写吟唱。

_____, _____, what subjects do you like?

_____, _____, I like _____。

3. 轮读说编写的吟唱。

图1 学习单素材图

学习单二（2分钟）

1. 自读第6~7段课文。

2. 圈出课文中 Yang Ling、Mike 和 Wang Bing 喜欢的学科。

3. 小组讨论，填写表格（表1）。

表1 Our School Subjects

Name	Favourite Subjects

学习单3（5分钟）

1. 自读课文。

2. 组内讨论，分配角色。(一人饰演 Miss Li，一人饰演 Liu Tao，一人饰演 Wang Bing，一人饰演 Yang Ling，一人饰演 Mike)

3. 小组合作表演课文。

（设计者：朱思亿）

（四）体育学习单

课题：两脚前后站立侧向投掷垒球。

教材：小学《体育》三年级上册。

说明：第一课时目标为使学生基本掌握两脚前后站立侧向投掷垒球的动作。此学习单在掌握要领后练习时使用。

学习单（5分钟）

1. 观看示范，独立模仿练习。

2. 组内相互观察，相互提醒，改进提高。

3. 听老师口令，集体练习4~6次。

4. 组内推选一名优秀学生进行展示。

（设计者：李明华）

（五）科学学习单

课题：摆的研究。

教材：科教版小学《科学》五年级下册。

说明：第一课时目标为探究摆的快慢与什么因素有关。此学习单在导入后使用。

学习单（20分钟）

1. 4人合作，按图1搭好一个摆。

2. 组内分工，改变摆锤重量，观察摆锤在15秒内摆动的次数，填写表格（表1）。

表1　摆锤重量与摆动次数记录表

		1倍重量	2倍重量	3倍重量
摆锤在15秒内摆动次数记录	第一次			
	第二次			
	第三次			

图1　搭摆

3. 组内讨论：摆的快慢与摆锤重量是否有关？填写我们的发现：＿＿＿＿

4. 改变摆绳长度，观察摆绳在15秒内摆动的次数，填写表格（表2）。

表2　摆绳摆动次数与摆绳长度记录表

		原来的摆绳长	2倍摆绳长
摆绳在15秒内摆动次数记录	第一次		
	第二次		
	第三次		

5. 小组讨论：摆的快慢与摆绳长度是否有关？填写我们的发现：＿＿＿＿

（设计者：沈丹）

（六）美术学习单

课题：头饰设计。

教材：人美版小学《美术》二年级下册。

说明：第一课时目标为学会设计头饰。此学习单在欣赏完两个头饰范作后使用。

学习单（5分钟）

1. 小组讨论：头饰的组成部分。

2. 小组讨论：如何装饰头饰？

我们可以先装饰＿＿＿＿＿＿，再装饰＿＿＿＿＿＿。

（设计者：张晓君）

（七）音乐学习单

课题：G大调小步舞曲。

教材：苏教版小学《音乐》三年级上册。

说明：第一课时目标为能够为《G大调小步舞曲》选择合适的打击乐器伴奏。本学习单在欣赏学习完乐曲后使用。

学习单（10分钟）

1. 复听乐曲。

2. 独立思考选择一种合适的打击乐器伴奏。

3. 每人用一种乐器组内合作完成伴奏。

（设计者：张思成）

（八）综合实践活动合作学习单

课题：走进传统游戏。

教材：苏教版小学《综合实践活动》三年级上册。

说明：第一课时目标为"以传统游戏为支撑，鼓励学生自主开发专属的课间游戏，激发学生的创新思维"。此学习单在传统游戏新玩法活动环节出现。

合作学习单（5分钟）

1. 组内交流：讨论游戏的新玩法，为游戏取一个名字。

2. 小组合作完成金点子征集表（表1）。

表1　金点子征集表（＿＿＿＿＿＿小组）

名字	玩法
1	
2	
3	

（设计者：沈皓）

三、经验提炼

(一) 数学学习单的设计与运用

1. 小学数学教学中运用学习单的背景

小组合作学习是一种常见的小学数学课堂教学模式，这种模式已经在同里实验小学推广了多年。根据课题组老师的经历和观察，有一部分小组合作学习是无效的，除了没有选对合作的契机，合作学习比较随意之外，还有一个原因是学习单缺失或学习单设计不合理，具体主要表现在以下几个方面。

(1) 合作时间失控，匆匆收场。

课题组老师发现，在以往的课堂教学中，有的老师没有设计学习单，仅仅是口头布置了一下合作学习任务，或者设计了学习单，但没有写明每个合作任务的时间。教师对于布置的合作任务缺乏有效的时间控制，学生围在一起开展合作学习，往往不能较好地把握时间，从而拖长了合作学习的时间，教师担心浪费课堂教学时间，完不成教学任务，于是中途叫停，匆匆收场。

(2) 合作任务混乱，苦乐不均。

在课堂教学中，我们发现小组合作时存在以下几种现象：由于教师没有借助合作学习单对合作任务进行详细的分步、分工，常常是好学生包揽了全部任务，其他成员成了看客，缺少生生间的互动；组内成员之间相互推诿、扯皮，迟迟不能进入合作学习状态；对比较复杂的合作任务缺乏条理性的解析，学生不知从何处切入展开合作。

(3) 合作内容随意，目标不明。

部分教师由于对小组合作学习的意义理解不透彻，没有围绕目标深入思考，也没有将合作学习的内容以学习单这种书面形式呈现出来，有时是为了合作而合作，合作学习的内容设计比较随意。一些内容简单、答案明确的问题被拿来合作讨论，价值不大，浪费了宝贵的课堂时间。反之，如果布置的任务太难，目标设置得太高，学生没有时间深入思考，不知如何下手，这样的合作学习也解决不了问题。

(4) 合作评价片面，缺乏激励。

在合作学习的课堂上，常常有一些学习单缺少学生自评或互评的要素，教师沿用的还是传统课堂中以教师为中心的评价。学生进行小组讨论、交流和汇报合作学习成果时，教师或是关注对整个小组的评价，而忽视学生个体在活动中的反应；或是奖励合作学习的汇报者，而忽视小组学习的合作者。另外，教师更多注重的是合作学习的结果，而忽视学生的学习过程。以上片面、随意、盲目的评价，导致合作学习中评价的激励和导向功能严重缺失，评价变相成为一种甄别的过程，合作学习的实效性大大降低。

2. 小学数学学习单的设计要素

为了让合作学习开展得有序、有效，有必要让学生明确合作学习的任务和要求、完成任务的方法、评价的标准等，这些都可以通过学习单这一载体呈现给学生，而设计出科学、合理的学习单是有效实施合作学习的前提。

下面以苏教版小学《数学》五年级下册"圆的周长"一课的学习单为例进行分析与阐述。

"圆的周长"学习单

_____小组

组长：_____ 记录员：_____ 汇报员：_____ 管理员：_____

圆的周长跟它的直径有什么关系呢？圆的周长跟直径是不是存在固定的倍数关系呢？

小组合作，任务要求：

1. 6人小组分工，每两个人选择一个圆片，想办法量一量圆片的周长与直径，并把数值填写在表格里。（3分钟左右）

2. 用计算器算出周长除以直径的商，并做好记录。（2分钟左右）

编号	周长	直径	周长除以直径的商
1号圆片			
2号圆片			
3号圆片			

3. 小组讨论，我们的发现：_____。

4. 我们对本次合作学习的评价（打"√"）：很好（　　），还可以（　　），有待改进（　　）。

"圆的周长"这节课基于小组合作学习，引导学生探讨了圆的周长的测量方法，从数学推理的角度激发学生猜想圆的周长与直径的关系，然后通过实验操作，得出圆的周长与直径存在一定的倍数关系，那是一个固定的数——圆周率。在实验操作环节，课题组老师设计了前述学习单，主要体现四个要素——内容要素、程序要素、评价要素、时间要素。

（1）内容要素：聚焦主题，关注学情。

学习单把小组合作学习的内容用文字的形式加以明确，弥补了过去教师单纯的口头表达存在的随意性缺陷，使合作任务设计更加明确、清晰，从而保障了小组合作学习的有序、有效。那么，究竟什么样的内容适合合作学习呢？哪些内容要列入学习单呢？答案是：既要关注学习目标，解决主要的学习内容，也要关注学生的学习情况。学生能独立完成的学习内容没有必要用学习单，也就是说，通过合作能更好地完成学习任务的学习内容适用于采用合作学习策略。比如，"圆的周长"一课主要是通过实验掌握圆的周长与直径的关系，理解并掌握圆的周长的计算方法。在教学过程中，需要测量几个圆片，通过一组数据来得出结论，这样的任务单靠学生个人的操作很难在短时间内圆满完成。基于以上原因，课题组老师把探求圆的周长和直径之间关系的操作实验作为合作学习的内容，引导小组通过测量几个大小不等的圆片，计算周长和直径之间的倍数关系，从而发现圆周率。

合作学习作为一种教学策略，和其他所有的教学策略一样，需要根据教学目标、教学内容和学生实情而定，以充分发挥该策略的优势，规避其不足。通常，以下教学情境运用合作学习策略较为适宜：思维难度较大，大部分学生无法独立思考完成任务；学习容量过大，大部分学生无法按时独立完成任务；需要运用发散性思维提出多种解决问题的对策；开展合作难度低，参与率高的学习活动。

（2）程序要素：分工合理，步骤明晰。

一份适合学生开展合作学习的学习单应该是分工合理、学习步骤清晰的。如在前述"'圆的周长'学习单"中，合作程序清晰明了，第一步是让学生分工测量圆片的周长和直径；第二步是计算圆的周长和直径数据间的关系；第三步是对以上几组数据进行观察和思考，得出结论；第四步则对合作学习过程进行评价。拿着这样一份学习单，学生很清楚自己每一步要做什么，以及怎么做。学习单除了要有详细的合作任务安排之外，还要标明人员分工。比如，在"'圆的周长'学习单"的上方就写明了组名、组长、记录员、汇报员、管理员等信息，而且分工明确，各司其职。如组长负责组织合作活动，记录员负责记录小组合作讨论的结果，汇报员负责汇报本小组的合作学习成果，管理员组织成员集中注意力，等等。小组内的角色分工不是一成不变的，可以动态管理、适时轮换。如小组成果汇报，即使是学困生，也有机会在综合组内意见的基础上根据学习单进行成果汇报，课堂不再是部分好学生的"一言堂"。

（3）评价要素：关注发展，多元评价。

评价是合作学习不可缺少的一环，良好的评价能激发学生合作学习的兴趣，使小组合作学习更有效地开展下去。小组合作学习评价不能只关注学生在合作学习中得出的结论是否正确，因为合作不仅是一种学习方式，还是未来社会和人才培养的一种需要。应该从发展的角度，着力评价学生在合作学习过程中能否主动参与合作活动，各司其职、相互合作，认真聆听他人发言，积极发表自己的观点。"'圆的周长'学习单"中最后的评价是对小组团体的评价，这项评价既可使学生体会到集体荣誉感，又可使其反省活动过程中是否有可改进之处。

合作学习评价的方式可以是多元的，它包括以下几种评价。

① 教师评价。教师既可以对小组的合作状况、合作态度、合作效果等做出评价，也可以对小组中个人参与的态度和表现能力进行正面的、激励性的评价，以使每个学生在教师的赏识和鼓励中变得越来越自信、越来越优秀。

② 小组自评。小组成员对本组的合作与交流情况做出反思，找出存在的问题与不足，总结有益的经验。

③ 组际互评。小组之间相互找出对方在合作学习过程中的优缺点，找出彼此间的差距，自我调整，自我完善。

④ 组内互评。除了班级层面的组际评价外，还可以在学习单上体现小组内学员之间的评价，如根据小组合作讨论的情况，对组员的表现进行评价，评出金点子组员、操作小能手等。

⑤ 个人自评。学生根据自己在小组合作中的参与度与合作能力进行反思，对自己做出评价。

如"'圆的周长'学习单"中最后一项任务也可以这样设计（表4-1）：

表 4-1 "圆的周长"学习单最后一项任务设计表

在探索圆的周长的测量方法时，请你根据自己的表现自评星级（用"☆"表示）	
能主动参与观察、操作活动，并在活动中积极思考	☆ ☆ ☆ ☆ ☆
乐于和同学交流自己的发现，并在交流中有所收获	☆ ☆ ☆ ☆ ☆

（4）时间要素：规范约束，具有空间。

以上列举的几份学习单都在合作任务的每一个环节写明了时间，如独立思考一般是1~2分钟，小组讨论一般是2~3分钟。课上老师会根据时间要求随时提醒学生，或在屏幕上设置一个计时的钟面，帮助学生树立课堂合作学习的时间观念，引导学生在规定的时间内完成小组合作的每一个任务，避免脚踩西瓜皮，滑到哪里算哪里。合作学习时间的长短由老师根据合作任务的难易程度给出一个预设。当然，在具体实施过程中，老师也可以根据学生合作学习的完成情况做出适当调整。如"圆的周长"的合作学习，如果小组合作测量圆的周长超过3分钟还不能完成，教师就应适当延长时间。

这样的学习单不单是一份作业单，它保障了合作学习的有效开展，体现了达成教学目标的各种具体要求，它主要回答的是在课堂合作学习中学生需要做什么、怎么做。教师不仅要结合教学任务选择小组合作学习的模式，还要结合教学目标选择合作学习的任务。学习单的设计四要素也综合反映了教师对教材的理解能力、对学生学习心理的认识程度和学科教学实践能力。

3. 小学数学教学中学习单的运用

学习单是课堂教学的辅助工具，是合作学习的一张功能性菜单，对于改进合作学习的课堂教学，提高合作学习的效率具有重要作用。在具体运用过程中，学习内容不同，学习单运用的频率、时机等也不同。

（1）学习单运用的时机。

学习单运用的时机主要有课前预习、课中探究、课后延伸活动。

课前预习。老师提前一天下发学习单，让学生收集信息。如"百分数的认识"一课的教学，老师在课前布置：生活中，你见过百分数吗？请收集生活中的百分数，记录在学习单上。在"数字与信息"的教学开始之前，老师布置学生收集家庭成员的身份证号码，然后在小组内交流并分享收集到的信息。

课中探究。数学教学内容的重难点处通常思维难度大，需要集体解决，如"圆的周长"的教学内容。在"'圆的周长'学习单"中，老师要求学生先进行个人观察、推理、思考，然后进行小组讨论，得出"内切正六边形（3d）＜圆的周长＜外接正方形（4d）"这一结论。

课后延伸活动。学生学习新知后，需要对所学知识进行巩固运用。如学习"复式条形统计图"一课后，老师要求小组分工合作，收集本校各班男女学生人数，绘制一份各年级男女生复式条形统计图。

（2）学习单发放的对象。

从使用数量上看，学习单可以是小组成员每人一份，学生先独立思考，完成学习单上的任务，然后在小组内进行交流、讨论，形成比较完善的小组成果。也可以一个小组一份，主要是探究性学习单，或者是操作性学习单，如"'圆的周长'学习单"。

通常一节课运用一次学习单，针对教学的某个重难点进行小组合作学习。如果教学的内容比较复杂，难点也不止一个，就要多次使用学习单，将教学的重难点通过多次小组合作学习来解决。如"圆的周长"一课，围绕如何测量圆的周长、动手操作测量并计算、推理圆的周长与直径的关系这三个环节，可设计三份学习单作为一个系列来展开合作学习。

（3）学习单呈现的方式。

练习做题的时候发放纸质的学习单，动手操作的时候可用PPT出示学习单，在明确任务后进行操作。

在开展小组合作学习活动前，要明确学习单的具体要求是什么，可以让学生读一读学习单上的程序，了解每一步的具体任务，对于难以理解处，可以由教师在全班进行解析，或者由小组长在小组内进行解释。在学生依据学生单展开小组合作学习时，教师要适时走近每个小组，近距离了解各小组合作学习的情况。教师的及时跟踪、适时指导，有利于对小组合作学习进行调控。

(4) 学习单展评的路径。

学习单展评主要有两个路径：一种是组内个体展评，小组汇总，全班展示评议；另一种是小组展评。

教师在设计学习单时应重视每个学生合作意识和合作技巧的培养，重视小组内和谐人际关系的创设，让优秀生和学困生通过小组活动互学互助，共同进步。

学习单是小学数学合作学习课堂教学的辅助工具，通过学习单教师把教材中所要教授的知识和技能转化成了符合学生实际水平并能引导学生自主学习的导学材料。小学数学学习单给学生留下了合作探索的方法与空间，有利于学生学习方式的改善。因此，用好小学数学学习单，对于改进小学数学课堂教学方式，提高小组合作学习能力具有重要作用。在目前阶段，小学数学学习单的设计及使用还需进一步规范和优化。

(二) 品德学习单的分类与运用

学习单是教师根据学习目标与学生认知需求，围绕自主探究、自觉合作、自由表达、自我反思这四个维度来设计旨在引导学生积极参与学习过程的学生学习方案。它改变了课堂教学中信息的传递方式，由单一的"教师—学生"转变为"教师—材料—学生"。形象地说，学习单既是激发学生思考的"催化剂"，也是引领学生学会学习的"导航仪"。在小学品德课的教学中，巧妙地设计并合理使用多元学习单，可以激发学生的探究欲望，引领学生自主学习，帮助其实现知识建构，促进其能力不断发展。同时，在小组合作完成学习单的过程中，学生也能充分感受到合作学习的重要性与必要性。

1. 分享式学习单：合作交流中认知

在品德课堂中使用分享式的学习单，可以让学生在合作学习的过程中分享智慧，分享学习过程中的思考和经验，在交流中共享，实现共同成长、享受认同与尊重的愉悦。

(1) 故事分享，引领学生情感交流。

品德课程倡导和体现的是一种儿童文化，富有童心、童趣，这是儿童所喜欢和所希望的。教师在教学时应力求做到从孩子的视角出发，让孩子用自己的眼睛观察世界，用自己的方式探索世界，用自己的语言表达对世界的认识。如在教学《做事不拖拉》一课时，课题组老师设计的学习单如下所示：

《做事不拖拉》学习单

小组合作学习：

续编故事：梦游拖拉国

早上，时钟指向6：50，盼盼又进入了梦乡。盼盼梦到被邀请到拖拉国参加运动会，发令枪响了，盼盼向前冲去，回头看见有人还在系鞋带……

这时盼盼会怎么想？会怎么做？结果会怎样？
盼盼在拖拉国还遇到了什么事？
_____
_____
_____

通过小组合作交流，学生创编出了一个个有趣、幽默的故事：有清洁工拖拉的故事、有营业员拖拉的故事，还有医生拖拉的故事，等等。在故事分享中，学生的认知欲望和探究欲望被充分激发，并感受到了做事拖拉造成的后果，明白了"做事拖拉害处多"的道理。

（2）经验分享，促进学生道德认知。

每个学生的生活经验不同，掌握的知识自然也不相同。在品德课堂上，引导学生有目的地利用学习单进行经验分享，通过相互交流、学习，思维发生碰撞，擦出火花，萌生灵感，学生不仅能够加深对知识的理解和掌握，还能提升道德认知水平，使其体验到合作学习的价值和成就感。以《我要攀登》一课为例，课题组老师在引导学生说出自己生活中遇到的困难后，不失时机地出示了学习单，并引导学生进行小组讨论和交流，共同寻找克服困难的金点子。

《我要攀登》学习单

我们的金点子

要解决的困难	
点子1	
点子2	
点子3	

_____小组

出示此份学习单后，课题组老师要求小组内同学有针对性地选择一个要解决的生活问题或学习问题，如晚上不敢一个人在家、作文老是写不长、老是粗心做错题等，进行合作学习、讨论和交流，寻找解决问题的方法。学生集思广益，碰撞出了思维的火花，在交流、分享彼此的思考、经验和知识的同时，共同探寻解决问题的策略，由此提升了自身的道德认知水平。

2. 体验式学习单：合作探究中感悟

体验是学生由知识通向智慧的中介，是知识的内化、经验的升华。体验学习是品德课教学的重要环节,是建基于课堂活动之上的情感内化,是将课堂活动的内在价值转化成正确认知和行为的重要手段。学习单的引入可让学生对教材进行逐层体验,从而激发学生的内在情感。

(1) 动手操作,提升学生探究能力。

品德课教学的最高效率是让学生动手、动眼、动嘴、动脑,促进学生在体验、探究和解决问题的过程中形成良好的道德品质,实现社会性发展。以《走进聪明屋》一课为例,课题组老师设计了三大闯关环节,分别是观察厅、动脑厅、创造厅,学生积极动手动脑,学习热情高涨。比如,在动脑厅环节课题组老师设计的学习单如下所示:

> 《走进聪明屋》动脑厅学习单
>
> 小组合作,动手又动脑:
> 请小组长打开信封,利用下面的圆、三角形和线段,自由拼搭成有趣的图形,看看哪组拼搭得最多、最好!
> ○○、||、△△

在创造厅环节课题组老师设计的学习单如下所示:

> 《走进聪明屋》创造厅学习单
>
> 小组合作学习:
> 让我们发挥奇思妙想,当一回小小发明家,重新设计,让我们的生活变得更方便,好吗?
>
> 小组合作小贴士:
> 1. 每个小组选择一个生活问题,试着用"加一加""减一减""扩一扩""缩一缩""仿一仿""变一变"等方法解决这个问题。
> 2. 打开书,可以说一说、写一写或画一画。
> 3. 小组交流。推荐最有创意的成果上台交流,音乐停,大家马上静下来。

这两份学习单目标明确、充满童趣,操作性也很强,一下子就激起了学生主动探究的欲望。学生在这样有趣的学习单指导下,体验到了拼搭的乐趣和当小小设计师的快乐,同时也深深感受到了科学发明的魅力。这样的学习单能够帮助学生逐步培养遇事善于观察、勤于动脑、敢于创造的行为与习惯。

(2) 活动体验,加深学生道德感悟。

在课堂上设计活动体验式的学习单,给学生提供真实或者模拟的各种情境和活动，可以让学生通过身体的各种感官进行体验式学习，唤醒学生主体意识，让学生在亲身经历的活动中获得内心的真实感受，加深情感体验，从而实现自我教育，真正提高自身的道德修养水平。以《我的劳动感受》一课为例，课题组老师将"体验劳动的苦与乐"作为本课的教学重点，设计的学习单如下所示：

"体验劳动的苦与乐"学习单

小组合作学习：

选择其中的一件事（剥蚕豆、缝纽扣、理韭菜、剥花生）进行劳动体验，要求如下。

4人小组在规定时间内完成劳动体验，音乐一停劳动结束。

劳动结束后把劳动成果摆放到自己的座位上并整理好桌面。

小组汇报时，说说自己劳动前后的不同感受，并具体说说在劳动过程中遇到的困难和解决的方法。

这样一份要求明确的劳动体验学习单，引领学生进行有序的小组合作、做一些力所能及的小事情，让学生体会到劳动虽然辛苦但也快乐着，从而激发学生对劳动的热爱之情和对劳动者的理解与尊重。

3. 辨析式学习单：合作修正中完善

《品德与生活》课程的学习过程是知与行相统一的过程，教师在设计学习单时要注意联系学生的生活实际进行整合，依据现实生活中的一些事例进行行为辨析，帮助学生修正自己的行为，指导其做出正确的行为。如《我会安排一天的生活》一课的教学，课题组老师根据课前了解到的某学生（小明）一日生活安排，设计了学习单。

《我会安排一天的生活》学习单

小组合作学习：

小明的"一日生活安排表"

时间	学习与生活
6：30	早晨起床、洗漱、吃早餐，上午上课
12：00	吃午饭、午休，下午上课
16：00	放学后，与小伙伴活动、看儿童电视节目、完成作业
18：00	吃晚饭、画画、看课外书
22：00	洗漱后睡觉

> 辨一辨：小明的一日生活安排得怎样？哪个地方不合理？为什么？
> 改一改：请找出其中的不合理之处，并进行适当修改。

联系小明同学的"一日生活安排表"，让学生小组合作探究："小明的一日生活安排得怎样？"要求学生"找出其中的不合理之处，并进行适当修改"。学生进行小组合作探究，并与自己的生活对照，很快便发现了小明在生活安排上的一些不合理之处，如放学回家应该先完成作业、睡觉时间太晚等，学生在此基础上进行修改，形成了自己的一份"一日生活安排表"。这样，通过小组辨析、合作探究、结合生活解决问题，学生学会了科学合理地安排一天的生活，初步养成了良好的生活习惯，规范自己的行为朝着正确的方向发展。

4. 拓展式学习单：合作评价中巩固

从传统的角度说，学习单是形式不同的实时作业。既然是作业，评价与反馈就必不可少，因为只有这样才能使学习单更好地发挥巩固延伸作用。品德课要从生活实际出发，并最终回归儿童的生活，让学生将所学到的知识运用到自己的实际生活中，用以解决实际生活中的问题，并养成良好的行为习惯。如在教学《做事不拖拉》一课时，课题组老师在课的结尾处出示了学习单。

《做事不拖拉》学习单

拓展延伸：
让我们一起体验做事不拖拉的快乐，一周后，看谁的兔子多！（得分用兔子表示）

	上学不迟到	吃饭不磨蹭	理书包不含糊	作业不拖拉
星期一				
星期二				
星期三				
星期四				
星期五				
小组评价				
家长评价				

由于小学生年龄小，自我控制能力差，因此在课的最后，课题组老师布置

学生开展蜗牛和兔子比赛的活动，由小组、家长一起评价，督促学生做事不拖拉。这样，学习单就从课堂走向课外，延伸到孩子们的实际生活中，在孩子们当下的生活中发挥应有的作用，真正指导他们的生活。

总之，在《品德与生活》课堂中引入多元学习单，能够有效地凸显学生的主体地位，引导学生自主学习、合作探究，使学习由被动接受转变为主动建构，加深学生的道德体验，引领学生的道德成长，使学生真正成为学习的主人。这样，我们的品德课堂也就真正成为学生合作学习的乐园。

第二节 合作学习教学模式

一、模式解读

合作学习有三种基本教学模式：以知识新授为主的范例式教学模式、自主式教学模式、以知识复习为主的学习站教学模式（详见本章第三节）。

（一）范例式教学模式

范例式教学模式的流程是：教师导入教学后，在范例教学环节全班新授知识，或者展示某种学习方法；然后，学生在小组合作学习中，运用该知识或学习方法来完成学习任务，接着再在教师的引导下交流学习收获；最后师生总结巩固所学的内容。其教学程序一般包括导入、范例教学、合作学习、交流反馈、总结等五个步骤（图4-1）。教师的范例教学是该教学模式的标志性环节。

图4-1 范例式教学模式流程图

（二）自主式教学模式

自主式教学模式的流程是：教师导入教学后，学生就进入小组自主合作学习，然后在教师的引导下交流学习收获，最后师生总结巩固所学的内容。其教学程序一般包括导入、合作学习、交流反馈、总结等四个步骤（图4-2）。合作学习环节在一节课中可以重复多次。

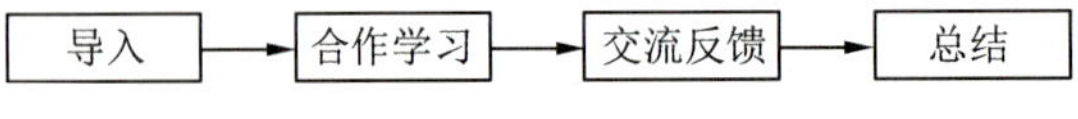

导入 → 合作学习 → 交流反馈 → 总结

图4-2 自主式教学模式流程图

范例式教学模式与自主式教学模式的差异主要表现在：学生开展合作学

习之前是否有教师的学习示范——范例教学环节。若教学目标要求学生生成新的陈述性知识或程序性知识，教师一般可采用范例式教学模式，通过范例教学完成知识的新授。若教学目标只是要求学生运用已有的知识探究新的内容，或新授的知识较浅，学生可以自学，则可采用自主式教学模式。

二、范例式教学模式的运用

本研究以苏教版小学《数学》五年级上册"一一列举——解决问题的策略"一课的教学设计为例探索范例式教学模式的运用。

【案例】"一一列举——解决问题的策略"教学设计

一、教材内容

苏教版小学《数学》五年级上册"一一列举——解决问题的策略"。

二、教学目标

1. 引导学生用"一一列举"策略解决简单的实际问题，使学生通过有条理的列举分析实际问题中的数量关系，并获得问题的答案。

2. 引导学生通过反思和交流解决简单实际问题的过程，感受"一一列举"策略的特点和价值，进一步提思维的条理性和严密性。

3. 拓展学生的思维，激发学生学习的积极性，使其树立学习数学的信心。

三、教学重难点

教学重点：感受"一一列举"策略的特点和价值，掌握解决问题的方法。

教学难点：感受"一一列举"策略的特点和价值，进一步提思维的条理性和严密性。

四、教学过程

（一）课前引入

出示条件——用22根1米长的木条围一个长方形花圃。

1. 说明。

老师家门口有一块草坪，我想用22根1米长的木条围成一个长方形花圃，怎么围？出示条件"用22根1米长的木条围一个长方形花圃"。

师：从这句话的信息中，你能够想到什么？

2. 预设。

生：花圃是一个长方形。

生：长方形的周长是22米。

生：木条是1米长的，所以长和宽都应该是整米数。

如果学生说得不完整，可以先举一个例子。

师：能不能围一个长是8.5米、宽是2.5米的长方形？（引导条件长与宽是整数）

生：不能（说明理由）。

(二) 范例教学

师：如果你是王大叔，你会怎么围？

教师请学生说说自己的想法，在学生提出想法的基础上，再次结合对条件的分析，说明围成的长方形的要求。

师：只有这一种围法吗？（学生反对）看来不止一种围法，那在这么多的围法当中，怎么围面积最大？（课件出示问题）你准备怎么解决这个问题？

(三) 小组合作

1. 出示合作要求。

"一一列举——解决问题的策略"学习单

例1：王大叔用22根1米长的木条围一个长方形花圃。

要求：在表格中把所有情况表示出来。

长/米	
宽/米	
面积/平方米	

我发现当_____时面积最大。

(1) 独立思考：长方形的长和宽可以是多少？用自己喜欢的方式表示出来。

(2) 小组讨论，说一说自己是怎么想的。

(3) 每个小组选一个你们觉得最好的表示方式，并把理由写在旁边。

2. 交流。

师：同学们有没有找到围出最大面积的方法？请一位同学上台来向大家说明。

生：长是5米，宽是4米，面积最大是20平方米。

师：你是用什么方法找到的？

学生说明自己的方法。

(1) 方法一样，但表述是不完整的，将两者进行对比。

师：这边这组也用了和你们一样的方法，来比较一下，他们跟你们有什么不同的地方？

师：你觉得哪一种好？为什么？这样写有什么好处？

（2）方法一样，而且表述都是完整的，将它们放在一起观察，看看有什么相同的地方。

师：他们列举的方式有什么相同的地方？（从哪里开始，接下来考虑什么情况，想到哪里可以结束）

（3）表示方法的比较。

师：你觉得哪一种方法更加简洁清晰？

3. 小结。

师：像这样，长和宽对应着一个一个列举出来，简单说就是：有序地一一列举。（板书）这就是我们今天要学的解决问题的策略——有序地一一列举。（板书课题"一一列举——解决问题的策略"）

师：观察长方形的长、宽、面积等数据，你发现了什么规律呢？（长和宽的和一定，长和宽的数值相差越小，长方形的面积就越大）

4. 联系旧知。

师：其实我们在以前的学习中就运用过列举的策略解决问题，你能回想起来吗？

课件演示：把10分成几和几，用边长1厘米的正方形拼长方形，用3张数字卡片组成三位数。

（四）巩固练习

1. 完成"练一练1"。

师：看来一一列举不是随便列举的，把握其中的规律能让我们更好地列举。

2. 完成"练一练2"。

学生口答，并说一说在列举时的注意事项。

（五）课堂小结

通过这几课的学习你有什么收获？你对今天学习的策略有什么体会？

（设计者：陆云恺）

三、自主式教学模式的运用

本研究以苏教版小学《数学》四年级下册"认识平行四边形"一课的教学为例探索自主式教学模式的运用。

【案例】"认识平行四边形"的教学设计

一、教材内容

苏教版小学《数学》四年级下册"认识平行四边形"。

二、教学目标

1. 在联系生活实际和动手操作的过程中认识平行四边形，发现平行四边形的基本特征，认识平行四边形的高。

2. 在活动中进一步积累认识图形的学习经验，会在方格纸上画平行四边形，能正确判断一个平面图形是不是平行四边形，能测量或画出平行四边形的高。

3. 感受图形与生活的联系，感受平面图形的学习价值，进一步提升对空间与图形的学习兴趣。

三、教学重难点

教学重点：进一步认识平行四边形，发现平行四边形的基本特征，会画高。

教学难点：引导学生发现平行四边形的特征。

四、教学准备

学习单，组内评价表，钉子板，三角形片，拼接彩条，方格纸。

五、教学过程

（一）生活引入，导入新课

引导学生初步建立平行四边形的表象。

从屏幕上的4幅图中，你能发现哪种平面图形？（平行四边形）

伸出你的食指，任选一幅图中的平行四边形比画一下。

过渡：看来平行四边形在我们的日常生活中也是随处可见的，今天，我们就一起来认识平行四边形（板书课题：认识平行四边形）

（二）小组操作，探究特征

1. 认识平行四边形的概念。

你们会制作平行四边形吗？老师给每个小组都发了一套学具、一张学习单和一张组内评价表，请大家利用这些东西完成探究。先来看学习单1的要求：

学习单1

环节一：做平行四边形

学习单1（5分钟）

1. 小组合作，组长分工，组员从学具中任选一种材料，可以通过围一围、拼一拼、搭一搭或画一画来制作平行四边形。

2. 在小组内轮流说一说你是怎么做成平行四边形的。

3. 观察小组同学制作成的平行四边形，它们都有什么共同的特点？

完成学习单1后每组成员进行小组评价。

2. 交流展示。

(1) 请小组中用钉子板围平行四边形的同学说一说：你们组是怎么围成平行四边形的？你们围成的平行四边形有什么特点？（学生一边说一边展示钉子板："我们组是……"）

(2) 请用三角片拼成平行四边形的同学说一说：你们组是怎么拼成平行四边形的？你们发现了平行四边形的什么特点？

(3) 请用彩条搭成平行四边形的同学说一说：你们是怎么搭成平行四边形的？你们发现了平行四边形的什么特点？

(4) 请在方格纸上画平行四边形的同学直接说一说：你画的平行四边形有什么特点？

学生可能会说到平行四边形有4个顶点、4个角、4条边，平行四边形的上边和下边相等，老师引导：平行四边形的上边和下边是一组对边，它们的长度一组对边相等；平行四边形的左边和右边是另一组对边，它们的长度也相等。老师接着追问：你是怎么知道相等的？（量一量，数格子等），所以我们得出了"平行四边形的两组对边分别相等"的结论。

引导：平行四边形的对边除了长度相等之外，在位置关系上有什么特点？

学生可能会回答"对边平行"，老师引导：平行四边形的两组对边分别平行。接着追问：你是怎么知道的？（相机板书：4个顶点、4个角、4条边，两组对边的长度分别相等，两组对边分别平行）

在数学上我们定义：两组对边分别平行的四边形是平行四边形。

画平行四边形时，先画一条线段，在平行的位置上画另一条等长的线段，再首尾连接。（老师在黑板上示范画平行四边形）

3. 巩固练习。

判断下面的图形是不是平行四边形，并说明理由

最后教师引导学生出示一个活动的平行四边形并提问：现在还是平行四边形吗？

(三) 认识平行四边形的高、底

引导：在刚刚平行四边形的变化中，两组对边的长度没有发生变化，那是什么原因导致了平行四边形的变化呢？

学生：角度变了。

追问：角度变了，也就是什么变了呢？

学生：对边之间的距离变了。

过渡：对边之间的距离就是平行四边形的高。

在数学上我们这样定义（出示定义）：从平行四边形一条边上的一点到它对边的垂直线段，是平行四边形的高，这条对边是平行四边形的底。

读一读，让学生说说怎么画平行四边形的高。

请同学们完成学习单2，然后每组成员进行小组评价。

学习单2

环节二：探究平行四边形的高

学习单二（3分钟）

1. 小组合作，尝试在方格纸上画出平行四边形的高。
2. 想一想：在同一底边上可以画多少条高？
3. 思考：这些高之间有什么关系？

展示学生画高的方法：把三角尺放在图上，突出从一条边的一点向对边画垂直线段。

最好能展示不同的画法，如同样是在上下对边之间画高，有的是从顶点向对边画，有的是在边上任取一点向对边画。

通过课件演示、提问、讨论，得出以下结论：在同一组对边之间可以画无数条高；同一个平行四边形的两组对边之间都可以画高。

（逐步完善板书）

（四）练习

画出指定底的高并进行测量（单位：mm）。

（五）总结

今天我们一起学习了什么？你知道了关于平行四边形的哪些知识？请学生们说一说。

（设计者：许晓婷）

四、经验提炼

（一）小学数学合作学习教学模式评析

小组合作学习模式倡导学生在学习过程中的主体地位和主动性，教师在实施合作学习的教学中实现了层次感，既有针对性又个性，顾全了整个班级学生的独立化学习特点，使每个学生都找到了适合自己的学习方式，找回了学习上的自信，因此有利于学生学习水平的整体提升。

在小学数学教学中，小组合作学习的有效构建与开展不仅直接关系每个小组成员的学习效果，还决定了教师的教学成效。

1. 预热营造适合开展小组合作学习的课堂氛围

众所周知，在体育比赛开始前，运动员都会做热身运动，以使自己在比赛中获得最佳的竞技状态。同样的道理反映到课堂小组合作学习中，在正式开展小组合作学习之前，也应该进行适宜的"预热"。

营造适合开展小组合作学习的课堂氛围，意味着要让学生的注意力和兴趣都集中到课堂教学中，在轻松愉悦的气氛中让学生自然而然地高度专注于合作学习。小学生活泼好动，富有想象力，一般都对卡通玩具或者童话故事感兴趣。在课堂教学中，教师可以根据小学生的心理特点和爱好设计教学，以激发其学习兴趣，使学生将关注点凝聚到新学的知识中，为下一步开展小组合作学习营造适宜的课堂情感氛围。

简举一例，比如在学习"角"这一节时，教师可以在课堂上展示体现"角"知识的卡通玩具，比如积木，也可以让学生用橡皮泥捏出具有"角"的特征的实物。在课堂气氛活跃起来后，教师可以用类似于试探性的话语引导学生，如"接下来，大家分小组比赛，看哪组成员表现得最棒，好不好呀？"以起到抛砖引玉之功效。

2. 系统考量班级学生的独立化特点，科学划分小组

小组的划分既要考虑到男女学生人数上的均衡，又要兼顾小组内部成员之间的个性调和与学习能力上的差异。课题组老师在划分小组时遵循"组间同质，组内异质"的原则，使其小组合作学习发挥最大的效用，实现最有价值的学习效果。在男女学生人数分配上，课题组老师尽可能做到性别平衡，原则上每个小组内部男女生人数最多相差 1 人。在学习能力搭配上，先顾及每个小组内部成员的能力，做到强、中、弱合理搭配、共同发力，确保每个小组的"势力"在同一起跑线上。在个性调和方面，尽可能使每个小组都有热、有冷、有动、有静。

在这一点上，教师的适时协助和赞扬尤为重要。在班级活动中教师是最有向心力的引领，如果教师在监督小组合作学习的过程中发现某个学生形单影只或者表现不积极，教师应给予协助和鼓励：可以提一个小问题让其回答，以吸引其他组员对这个同学的注意，让其重获关注与自信；也可以顺着小组讨论的秩序参与其中，在恰当的时候给小组成员中的被动参与者争取机会，以激发其参与讨论和发言的主动性。

比如在学习乘法口诀时，课题组老师要求各小组内部强弱互补搭配练习口诀，在此过程中难免有学生会在"接力"过程中掉链子，这时老师可以站在该生身旁并半蹲到与其同样高度，和着小组的节奏与其共同完成"接力"。如果有学生屡次出现卡顿情况，教师可以考虑将该生与其他成员换一下位置，这时教师可以说："现在我们大家换一下位置，再唱一遍乘法口诀，好不好呀？"等等。

3. 协调好小组成员的任务分工，做到有序、公平、均衡

在小组合作学习中，小组成员的任务分工直接影响着小组合作的成效。为什么这么说呢？因为根据长期的数学教学实践经验，当学生在小组合作中养成惯性思维或者对老师的委任感到不公时，开展小组合作学习之前的环节进展得再好，小组合作学习这一整盘"棋"也不会胜算，甚至有可能功亏一篑。

所以教师要格外重视小组成员的任务分工。不可否认，班级中的学生是不乏"领导人才"的，但在小组成员的任务分工上也不能总是对某个学生格外"器重"，应考虑每个成员的感受。即使有的学生在某方面能力确实弱一些，那也没关系，教师可以在小组合作中适当多给其锻炼的机会，以促进其提高能力。毕竟在小组合作学习中起主导作用的还是教师，教师的协助、引导、启发，对每个小组成员任务或责任的完成都具有现实的规范和指导意义。

例如在教学"时针 分针 秒针"一节时，老师先在课堂上以图片展示的方式让学生认识时针、分针和秒针，接着便可以开展小组合作学习。最开始老师指派能力稍弱的学生担任小组长，负责画出时针、分针、秒针，并画出时针指向（任务较简单），让其他成员说出大概时间（这一环节以活跃气氛为主）。一轮后，再让表现最佳的学生担任小组长，并让其安排小组成员任务，有画的，有说的，也有最后做总结的，自此进入正式的小组合作学习模式。

简而言之，教师应搭建"雨露均沾"的小组分工合作平台，让每位组员都有扮演不同角色的机会。比如，对于简单的"议题"，可以让学习能力相对较弱的学生当组长，而让学习能力相对较强的学生负责最后的总结汇报；反之，对于难度较高的讨论则可以让学习能力相对较强的学生当组长，因为这部分学生对知识理解掌握得更快，担任组长时分配任务目标也更明确，而让学习能力相对较弱的学生负责最后的总结发言，为的是给他们留出足够的学习理解时间，同时也更有利于他们在组员众议中取长补短，获得进步。

小组合作学习是教育发展革新精神的重要体现，在某种程度上可以说是具有典型性的"以生为本"教学开展方式。小组合作学习是实现高效教学目标的至上指引"法则"，而这一法则是没有科目和硬环境限制的真理性存在，因为教育者的关注点应该回归到学生身上，教师应该以师者的育人慈爱之心去关护每个学生，尊重每个学生的个性发展，因势利导地开展教学，唯有此，才能真正实现教育教学之路上的可持续发展目标。

（二）合作学习教学模式评析

1. 合作学习是实施深度学习的必由路径

深度学习是学生在教师的引领下，围绕具有挑战性的学习主题，全身心积极参与、体验成功、获得发展的学习过程。在这个过程中，学生掌握学科知识，理解学习的过程，把握学科的本质及思想方法，形成积极的内在学习动

机、高级的社会性情感、积极的态度、正确的价值观，成为既具有独立性、批判性、创造性又有合作精神，且基础扎实的优秀学习者，成为未来社会历史实践的主人。总体来看，深度学习具有以下显著特点。

（1）学习任务的挑战性。

富有挑战性的学习任务能够触及学生的最近发展区，激发学生的认知和主动学习动机，针对学生的认识障碍，厘清学生的认知思路，让学生在发现问题、提出问题、分析问题、解决问题的过程中，经历分析、综合、比较、抽象、推理、建模、创造等高阶思维活动，促进学科素养的发展。面对具有挑战性的学习任务，学生往往不能独自完成，需要与小组成员一起集思广益合作完成。

（2）学习过程的互动性。

多向型互动是深度学习的显著标志和必经过程，表现在学生与学习任务的深度互动、学生与教师的深度互动、学生之间的深度互动。学生在互动的过程中，需要彼此分工合作，为了完成共同的学习任务，学生会共同实施调查、分析、提出方案或者实施计划等，并阐述各自的理解，分享不同的方法，共享学习成果，反思存在的问题。在这个过程中，学生是学习的主体，教师是学习的组织者、引导者与合作者。

（3）学习目标的多元性。

深度学习，不仅能使学生理解并掌握本学科的知识与技能，更能发展学生的批判思维、创新能力、合作能力、沟通能力等高级素养，使其形成正确的价值观、积极的内在学习动机和积极向上的学习态度。深度学习指向"树人"的目标，包括培养学生良好的合作意识、合作态度、合作习惯等合作学习品质，提升其走向社会与人合作的能力。合作学习与个体学习最大的不同在于，合作学习不仅强调学生认知的发展，还兼顾学生情感、社会交往技能等目标的协同发展。合作学习既是深度学习的目标之一，又是深度学习达成目标的重要途径。

2. 合作学习教学中的教师指导缺位

课程改革倡导自主、探究、合作的学习方式。虽然合作学习理念深得教师的认同，但是合作学习过程中"有形无实"的现象依然普遍存在。究其原因，一方面是受"师班互动"传统教学理念的影响，以个体竞争为目标的课堂生态导致学生只关心自己的学习结果，认为自己努力学习是为了把别人比下去，个人目标的实现与群体目标的实现呈负相关；另一方面是教师对合作学习的本质缺乏深刻的认识，没有掌握合作学习的实施要领，具体表现为合作学习小组分组随意、合作学习技能训练缺失、合作学习过程流于形式等。

（1）合作学习小组分组随意。

以小组的形式开展学习活动、完成学习任务是合作学习教学模式区别于传统教学模式的最主要特征。课题组通过调研发现，在课堂教学中存在诸多合作学习误区：教师经常随意组建合作学习小组，或随机指定前后4人为一组；小组成员没有明确的任务分工，不能落实责任；组员之间不能形成有效的分工机制，不同的人完成相同的任务；等等。这样的小组合作学习只是形式上的合作，实质上仍是个体学习。

（2）合作学习技能训练缺失。

小组合作学习除了要有共同的目标和任务外，还要有合作技能的支持，否则就有可能"乱象丛生"。具体表现为：组员不会倾听和表达，无序交流，学优生"一言堂"；组员互相不接受对方的观点和建议，固执己见；组员不愿帮助他人，只满足于自己的成功，不关心其他组员是否掌握了学习内容；小组自评缺失，缺乏对学习过程和学习得失的反思；等等。

（3）合作学习过程指导不足。

尽管合作学习是以生生互动为主体的学习方式，但依然离不开教师的指导。如果教师指导不到位，合作学习往往容易流于形式。具体表现在：布置的学习任务难易程度不合适，太容易，学生无须合作就能顺利完成，太难，即使开展小组合作也无法完成；没有明确的合作学习程序和步骤，导致学生合作过程无序；教师只关心合作学习小组得出的结论，不关心得出结论的过程，导致学生为了快速得出结论，忽视与组内其他成员的互动；教师的评价导向仍然指向学生个体，不利于形成"整个小组的成功才是真正的成功"的合作氛围。

3. 基于深度学习的合作学习教学策略

（1）组建异质小组，促成能力互补。

学生因为经历不同，已有知识水平和经验不同，其在学习方法、思维方式、意志品质等方面必然存在着客观差异。深度学习要求教师正视和尊重学生之间的差异，将差异视为学生学习的资源，顾及不同层次学生的发展。因此在组建合作学习小组时，教师应以"组际均衡，组内异质"为原则，将全班学生分成多个相对固定的合作学习小组，一般以每组4人或6人为宜，方便组内成员"对学"。组建小组时既要考虑每组成员的组织能力、学习能力、语言表达能力等素质大致均衡，保证组与组之间的竞争力相当，又要考虑组内成员之间的差异，以便开展互学互教、互帮互助等深度互动。此外，还要根据组内成员的特长进行合理分工，如可以让管理能力较强的成员担任组长，让表达能力较强的成员担任交流员，让有学科专长的成员担任学科教练员、记录员、观察员等，并尽可能责任到人，各司其职。

（2）组织生生互动，促成过程互助。

教师要引导学生选择适切的合作学习任务，鼓励学生之间互相提供足够和有效的帮助；交流所需的信息和资料，有效地处理和加工信息；对得出的结论进行质疑、反思，以提高决策的质量，加深对所研究问题的理解。教师要规划合作学习程序，通过设计学习单等方式，组织学生经历分析问题、拟定计划、实施计划、回顾反思、成果分享等过程，让学生不断建构和完善认知结构，使其在获得知识技能的同时发展学科核心素养。教师要完善合作学习评价机制，把小组团队的成绩作为奖励和认可的依据，使评价的指向由鼓励个人竞争转向小组团队达标，营造"不求人人成功，但求人人进步"的合作氛围，更好地促进学生开展学习互动。

（3）培养合作技能，促成目标达成。

社交技能作为学生走向社会的一种关键能力，不但是深度学习的培养目标之一，而且是建立并维护组员之间的信任，有效解决组内冲突的介质，是合作学习成功的保障。学生社交技能的培养内容主要包括：学会认可和信任同伴；学会彼此接纳；学会耐心倾听和表达，学会沟通和交流；乐于帮助组内有困难的同学，形成"我为人人，人人为我"的良好氛围；让小组内的成员认识到"沉浮与共"；等等。学生的合作技能、合作意识、合作态度、合作习惯不是与生俱来的，需要学生在合作的过程中、在教师的指导下习得。教师不仅要定期开展组长培训、小组培训等专题培训活动，还要在学生合作学习的实践过程中不断提高要求，有层次、有序列地培养其合作技能，把学生合作技能的培养作为教学的目标之一，让学生学会合作。

将深度学习引入教学是时代发展的迫切需要，合作学习作为实施深度学习的重要路径和教学目标，其内涵丰富，有助于提升学生的核心素养，让学生成为全面发展的人。教师应该进一步研究，积极探索实施合作学习的有效策略。

第三节 基于学习中心的学习站教学模式

一、模式解读

学习中心是一个实体空间，在这个空间里学习材料和组织教学都无须教师始终在场并作指导，学生可以通过和学习材料的相互作用、和组内同学的互动来开展学习活动。教师必须根据学生的需求设计学习中心的活动。同里实验小学将一间大教室作为合作学习中心，进行学习环境的重建。这间大教室被划分为教师教学区、合作学习区、资源区、展示区、制作角、荣耀角等。学生进入合作学习中心后，在组长的带领下，按照任务单的要求，有序开展学习活动。在合作学习中心，教师巡视并给予各小组必要的帮助，对少数滞后的同学进行个别辅导。

学习中心是一个经过功能性、社会性处理的三维物质环境，更是一个经过优化的学习空间，其精髓就是建构学习空间与学生学习、教师教学的亲和性，使教师在有限的时空内更有效地组织教学活动。这一空间的创设旨在从学习的视域——学生多元智能的差异，为每个学生提供适切的学习机会，以提高全班学生的学习参与率，让每个学生都能体验到学习成功的乐趣。这个物质环境的设计体现了尊重个体差异、实践教学过程公平的文化观。

图4-3 学习站里的合作学习小组

学习站教学模式为学生提供了学习内容、学习方式的选择权，以及小组、个体学习的开放性空间，有利于学生自主、合作意识的养成和认知策略的形成（图4-3）。学习站教学模式的流程是：教师导入教学后，全班复习已学知识；学生以合作学习小组的形式进入学习站学习后，教师引导学生分享、总结学习站的收获。学习站教学模式的教学程序一般包括导入、全班复习、学习站学习、总结等四个步骤（图4-4）。

导入 → 全班复习 → 学习站学习 → 总结

图4-4 学习站教学模式流程

二、学习站教学模式的运用

本研究以苏教版小学《数学》六年级下册"长方体和正方体的复习"一课的教学设计为例探索学习站教学模式的运用。

【案例】"长方体和正方体的复习"的教学设计
一、教学内容
苏教版小学《数学》六年级下册"长方体和正方体复习课"
二、教学目标
1. 经历长方体、正方体有关知识系统化的整理过程，巩固加深对长方体、正方体知识的理解和掌握，并学会解决一些实际问题。

2. 通过观察想象、讨论探索、动手实践、合作交流丰富对立方体的认识，建立初步的空间观念，培养学生对知识的梳理和沟通能力。

3. 初步学会运用所学知识和技能解决问题，培养学生的应用意识、实践能力和创新意识，并使学生在合作中获得成功体验，树立学好数学的信心和勇气。

三、教学重难点

教学重点：学生对知识进行自我梳理，灵活运用知识解决实际问题。

教学难点：在解决实际问题的过程中培养学生对知识的应用能力。

四、教学过程

(一) 导入

师：同学们，上节课，我们已经对本单元的知识进行了系统的梳理，这节课我们将通过解决一些实际问题来帮助大家更好地掌握这些知识。老师为大家准备了三站练习题，只有完成了上一站的练习之后，才能开始下一站的练习。

(二) 分组练习

第一站

1. 单位转换。

(1) 0.6 立方分米 = (　　) 立方厘米

(2) 4.23 立方米 = (　　) 立方分米

(3) 6.5 升 = (　　) 立方分米

(4) 780 毫升 = (　　) 立方分米

(5) 600 立方厘米 = (　　) 毫升 = (　　) 升

2. 填空。

(1) 长方体和正方体都有 (　　) 个面，(　　) 条棱，(　　) 个顶点。

(2) 物体所占 (　　) 的大小叫物体的体积。

(3) 一个正方体的棱长是6厘米，它的表面积是 (　　)，体积是 (　　)。

(4) 一个长方体的长、宽、高分别是8厘米、4厘米和2.5厘米，它的棱长总和是 (　　) 厘米。做一个这样的盒子盖，需要 (　　) 平方厘米材料。

3. 实际应用。

(1) 小卖部要做一个长20厘米、宽40厘米、高80厘米的玻璃柜，现要在柜台的各边都安上角铁，这个柜需要多长的角铁？

(2) 做一个棱长 3 分米的正方体铁架,要用多长的铁条?

(3) 光华街口装了一个新的铁皮邮箱,长 50 厘米、宽 40 厘米、高 70 厘米。做这个邮箱至少需要多少平方厘米的铁皮?

(4) 建筑工地要挖一个长 50 厘米、宽 30 厘米、宽 50 厘米的长方体土坑,需要挖出多少立方厘米土?

第二站

1. 填空。

(1) 在括号里填上适当的单位名称。

一瓶牛奶大约 150 (　　)。

一个教室大约占地 80 (　　)。

油箱的容积为 16 (　　)。

一本数学书的体积大约是 150 (　　)。

(2) 一块长 25 厘米、宽 12 厘米的、厚 8 厘米的砖,占地面积最大是 (　　) 平方厘米。

(3) 一个长方体的金鱼缸,长是 10 分米,宽是 6 分米,高是 7 分米,右面的玻璃被打坏了,修理时配上的玻璃的面积是 (　　) 平方厘米。

(4) 一个正方体的底面积是 25 平方米,它的表面积是 (　　) 平方米,它的体积是 (　　) 立方米。

2. 选择题。

(1) 我们在画长方体时一般只画出三个面,这是因为长方体 (　　)。

A. 只有三个面

B. 只能看到三个面

C. 最多只能看到三个面

(2) 用一根长 (　　) 的铁丝正好可以做一个长 6 厘米、宽 5 厘米、高 3 厘米的长方体框架。

A. 28 厘米　　　　　　　B. 126 平方厘米

C. 56 厘米　　　　　　　D. 90 立方厘米

(3) 做一个长方体抽屉,需要 (　　) 块长方形木板。

A. 4　　　　　B. 5　　　　　C. 6

(4) 下面的图形中,能按虚线折成正方体的是 (　　)。

A. 　　B. 　　C. 　　D.

3. 实际应用。

(1) 一个无盖长方体鱼缸,长8分米,宽5分米,高12分米,给它做一个铝合金框架,至少需要多少分米的铝合金条?至少需要多少平方米的玻璃?这个鱼缸的占地面积是多少?最多可以容纳多少升水?

(2) 砌一道长20米、宽35米、高4米的长方体砖墙,如果每立方米用砖560块,一共需要多少块砖?

(3) 水泥厂要制作10根正方体铁皮通信管道,管道的横截面为边长30厘米的正方形,管道全长2米,共需多少平方米铁皮?

第三站

1. 把一个长6厘米、宽5厘米、高4厘米的长方体木块锯成两个小长方体,表面积至少增加多少平方厘米?至多增加多少平方厘米?

2. 如图,有一个长5分米、宽和高都是3分米的长方体硬纸箱,如果用绳子将箱子横着捆两道,长着捆一道,打结处共用2分米绳子。一共要用多长的绳子?

3. 把一块长40厘米、宽25厘米的长方形铁皮,分别从四个角剪去一个边长为5厘米的正方形,再焊接成一个无盖的长方体铁盒。这个铁盒的容积是多少立方厘米?

4. 一个密封的长方体容器如图所示,长4分米、宽1分米、高2分米,里面水深16厘米,如果将这个容器的左侧放在桌面上,此时其水深是多少厘米?

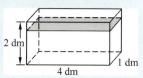

(三) 点评讲解

师:在刚才的练习中,你们觉得哪些题目比较有难度?你们是怎么解决的?

(四) 小组评比

对本次练习活动中表现优秀的小组进行表扬。

三、学习站教学模式评析

外出的听课学习、上级组织的赛课一般都以新授课为主,导致不少老师对复习课的重视程度不够,加上也没有学习复习课教学的渠道,都是老师自己随便上上,致使复习课在某种程度上变成了练习课,学生也不喜欢上复习课。老师通常把复习课作为新授课上没有完成的问题或是遗漏的问题的辅战场,靠多花时间重复教学来赢得效果,长此以往,教师和学生就把复习课理解成了分析题目课。为了能有趣、有效地完成教学工作,上好复习课,在小组合作的前提下采用学习站教学模式进行复习确实是一种非常好的尝试。

复习课的主要作用是巩固新授课上学的知识、加深已学过的知识,所要完成的是知识的点、线、面三者的融合,它具有回顾与整理、沟通与生长的独特功能。所以,在复习课上,教师要关注学生是否学会小组合作探索、学会综合复习、学会自我反思、学会运用知识,以及思维有没有广度与深度,解决实际生活问题的经验和能力有没有得到丰富与提高,是否会继续学习,等等。

(一) 整理归纳,沟通点线面

复习课的教学必须重视"算理",达到"运用",把平时所学的知识从更全的角度、按高的要求进行梳理,通过学生的归纳、总结,使之条理化、系统化,最终达到实用,让学生在完善认知结构的过程中做到温故而知新,从而发展学生的数学思考能力,使学生不仅能领悟到思维的方法,还能提升数学素养。而复习是一个相互交流的过程,在这个过程中,学生是主体,教师是媒介,教材是载体,知识是客体,复习起着沟通学生与教材的作用。在复习课上,老师通过提问、板书、连线,在黑板上勾勒出相关知识体系的思维导图,让学生非常清楚本单元的知识脉络,从而进一步掌握和应用知识。

(二) 异质小组,合作你我他

1. 座,一目了然

按照6人一组,教室里的学生分成了若干个异质小组(表4-2),每组学生围坐在一起,桌上摆上了组名牌,每个学生也分工明确,都有自己特定的身份,如主持人、教练员、记时员、汇报员等。其中主持人负责学习进程,掌控小组学习的情况。桌上还有一个可以插旗子的小盒子,老师也能从旗子的颜色及时了解该组完成学习的情况。各小组认识明确,大家共进退。在教室的一个角落里放置了表示进度的小旗子(三种颜色),还有作业纸、答案纸。同学们会按照进度自己去取,完成学习任务。

表4-2 异质小组情况表

站数	每站人数	学习站类型	组名
3	6	坡度式	追梦组、红枫组、竹梅组、星空组、星辰组、星光组、星海组

2. 做，组内消化

（1）主持人领取学习单，发给组员。

（2）小组成员根据学习单上的要求独立完成任务。

（3）组员全部完成后，组长去老师处领取答案纸，组内互相批改。

（4）独立订正，在答案纸上标上每题做错的人数及名单。

（5）组长收回答案纸并放回原点，然后领取一面旗子放在组内，进入下一关。

每组组员先独立完成练习，组长根据组员完成练习情况领取答案纸，随后小组组员相互批改，及时订正。教练员及时帮助组员订正，其他组员可以相应做补充，如果有教练员解决不了的问题就寻求老师的帮助。学生在小组合作中完成学习，从独立学习到合作帮扶，学生积极地进入复习状态，真正发挥学生的主体作用。

3. 巡，指导帮助

教师观察6个小组的训练进度，选择需要帮助的小组，了解学生上交答案纸的情况，及时公布优先小组的组名。根据学生上交作业的完成情况，收集错误率较高的题目做好记录，观察学生的普遍错误，在完成所有学习站的练习后进行集中讲解。

(三) 层层递进，向上一二三

1. 第一站——基础热身

组长领取学习单，并在桌上插上第一站的旗子（蓝色），把学习单分发给小组成员，学生组内独立完成，由小组长提前领取答案纸，等全部完成之后，开始交换批改。批改时，小组长及时在答案纸的该题边上记录具体完成情况，如是否全对等，或是记录有错学生的姓名。报完后，做错题的学生进行订正，如有学生不会订正，则由小组其他成员及时予以辅导帮助，直至每个人都订正完成，将答案纸交给老师，小组学生进行第二站练习。

2. 第二站——能力提升

小组成员全部完成第一站"基础热身"后，由小组长领取第二站学习单，并把小组旗子换成第二站的颜色（绿色），与第一站一样进行小组内解答、批阅、纠错、订正。等小组内全部成员完成，小组长上交第二站答案纸，换取下一站学习单。

3. 第三站——挑战自我

小组成员全部完成第二站"能力提升"后，由小组长领取第三站学习单，并把小组旗子换成第三站的颜色（红色），与前两站一样进行小组解答、批阅、纠错、订正。等小组内全部成员完成，小组长上交第三站答案纸，一般能完成这一站的小组比较少，在老师的授意下，完成任务组的成员可以离开自己的位置,分散到其他小组,对任务进行讲解分析,帮助其他组完成第三站任务。最先完成的这一组就是本节复习课的优秀小组,可以获得老师的额外奖励。

(四)总结发问,做到知晓理

教师根据学生的答案纸(答案纸上有小组长记录的学生完成作业情况)反馈每一站错误率较高的题,交流要注意的地方,再次提问答题有错误的学生,了解其是不是真的学会了。在每次活动结束时,及时对闯关速度快且质量高的小组进行表扬。

由于每组上交的答案纸都标注了每道题的错题情况,哪些学生做错了,哪些题目学生容易错,都一目了然,临近结束时,老师让各组学生都停下笔,挑一些错得多的题目,向刚才做错的学生提问,了解其解答情况,不仅重新分析了题目,还及时检查了刚才做错的学生是否通过小组合作学会了解题,很有针对性和及时性。如果课堂时间不允许,老师也可以根据所掌握的一手材料,在课后及时进行辅导。

作为教学课的导演者、组织者,教师的主要任务是寻找学生的记忆点,根据已有经验,对学生进行点拨、诱导、启发、调控,而这些都应从学生出发,一切都是为了学生更好地学习。小组合作下学习站教学模式的复习课,真正做到了把学习的主动权交还给学生,包括学习时间的安排、学习方法选择、学习组织形式的开展等。在小组合作下开展学习站教学模式的复习课,既能使学生有自己独立的解答,又有小组团队的批改、分析、订正,达到了"人人是学生,人人又是小老师"的学习状态。

第四节 师师合作教学模式

一、模式解读

师师合作教学是指两个或者两个以上学科的老师同时进入课堂,共同参与课堂教学设计,对小组合作学习进行指导和评估,从而达成教学目标的一种教学模式。师师合作教学模式聚焦学生的学习,打破了学科边界。在师师合作教学模式下,学生可以体会不同学科老师的知识优势和教学互补,教师可以同时进入不同合作学习小组开展指导工作(图4-5)。

图 4-5　两位老师在开展师师合作教学

二、师师合作教学模式的运用

本研究以五年级"设计小组海报"的教学设计为例探索师师合作教学模式的运用。

【案例】五年级"设计小组海报"的教学设计

一、活动目的

1. 了解如何制作海报，并制作每个小组的宣传海报。
2. 在合作过程中，对小组产生认同感和自豪感，并产生集体荣誉感。

二、材料准备

1. 班主任准备边框、各种卡通形象。
2. 学生准备装饰贴纸、彩笔、胶带。

三、教学过程

（一）导入新课

1. 回顾小组名称、口号、成员分工。
2. 引出课题：设计小组宣传海报。

设计意图：回顾小组的名称、口号、成员分工，不仅是对前期班级小组建设的一个小结，也为本课的学习做一个铺垫。

（二）制作小组海报

1. 介绍同里的宣传海报。

班主任：我带来了咱们同里古镇的一张宣传海报，我们一起来看看，一张完整的海报通常是由哪些内容组成？

生：文字、图画。

设计意图：通过展示直观的图片，学生对规范的宣传海报有初步的了解。通过看图片，学生很快就能知道完整海报的两个组成部分。

2. 讨论代表小组的卡通形象。

班主任：请同学们想一想，关于小组的信息，哪些可以用文字的方式呈现，哪些可以用图画的方式呈现呢？

两分钟时间，小组讨论，全班交流。

文字：组名、口号、小组成员、成员的分工……

图片：小组合照、代表小组精神的卡通形象……

班主任：最能代表你们小组形象的卡通人物是哪个呢？为什么它最能代表你们小组呢？

小组讨论，全班交流。（3分钟）

设计意图：本环节设计了两次讨论。第一次讨论："关于小组的信息，哪些可以用文字的方式呈现，哪些可以用图画的方式呈现呢？"这是对之前两个问题的总结，也确定了接下来海报创作的内容。第二次讨论："最能代表你们小组形象的卡通人物是哪个呢？"通过找一找，让小组成员对小组的精神有更深入的理解。

班主任：我们已经确定了海报的内容，那该如何把这些内容放到这张4开的纸上呢？请美术老师来介绍一下。

3. 介绍精美海报的特点。

美术老师：我们先来看看我在跳蚤市场拍到的设计得比较好的海报。同学们想一想，一张精美的海报都有哪些特点？

小组讨论，全班交流。（2分钟）

生：主体突出，色彩鲜明，布局美观，构思巧妙……

美术老师：这些海报在制作时运用了什么方法？

生：画、剪、贴。

设计意图：通过呈现学生制作的海报实物，学生展开讨论，总结一张精美海报必须具备的特点，以及制作海报的方法。看同龄人的作品能够让学生产生共鸣，在总结的过程中学生的语言不是非常简洁和精准，教师在听取各组汇报后做出总结。

美术老师：在制作海报之前，班主任对我们提出了哪些要求呢？

4. 提出合作要求。

班主任：同学们想一想，每个人负责的工作由谁来分配？怎么分配？小组里出现意见分歧怎么办？

设计意图：不打没有准备的仗，小组合作要想获得成功，合理分工是最重要的。在学生动手创作之前，必须明确成员的分工，让每个成员都清楚自己的任务。小组内出现意见分歧是合作学习过程中经常碰到的情况，要给学生打好预防针。

解决了这些问题，我们就可以开始制作海报了，大家动手吧。

5. 小组创作，老师巡视指导。

学生在创作中碰到了以下两个问题：

（1）个别学生对自己的任务比较迷茫。本次合作是让每个学生单独负责一小块海报的制作，能力差一点的学生平时都是以打下手为主，这次要单独完成一块海报的制作很吃力。

（2）有一个小组在创作中因为意见不统一有了小矛盾，成员不能服从组长的指挥。

（三）展示小组海报

1. 简要介绍海报的设计理念。

2. 点评。

美术老师选择2~3组作品，从设计性、美观性等方面进行点评。

班主任选择2~3组作品，对操作时的小组合作情况进行点评。

美术老师或班主任：为什么这个小组作品设计得又快又好？你认为谁的功劳大？（主持人分工合理；出现矛盾时，教练员能够及时解决问题；有的成员忙完自己的事情后，主动帮其他成员完成）

美术老师或班主任：这个小组为什么没能在规定时间内完成？出现了什么问题？

3. 颁奖（小组领奖）。

美术老师颁发作品奖，班主任颁发合作奖。

设计意图：通过美术老师对海报制作方面的评价和班主任对小组合作方面的评价对学生在本课的合作学习做出小结，并进行颁奖，以增强学生的自豪感和集体荣誉感。接着请获奖小组进行经验交流，请失败小组总结问题。这样做可以让学生自己找出问题并学习其他小组的成功经验，使今后的合作更加顺利。

（四）小结

班主任：看来，要在规定时间内制作一张精美的海报，需要小组成员齐心协力、合理分工，只有这样，才能又好又快地完成任务。

通过今天的这节课，每个小组都有了自己的宣传海报，希望在今后的学习中，大家更加懂得合作，发挥自身价值，为小组赢得荣誉。

设计意图：班主任从小组合作出发总结本节课的学习，目的是在增强学生小组归属感、认同感的同时增强他们的集体荣誉感。

（设计者：吕向萍、姚丽萍）

(二) 四年级"制定科学教室使用规则"的教学设计

本研究以四年级"制定科学教室使用规则"一课的教学设计为例,探索师师合作教学模式的运用。

【案例】四年级"制定科学教室使用规则"的教学设计

一、活动目的

1. 制定科学教室使用规则。

2. 通过制定科学教室使用规则这一小组活动,体验和认识合作学习的意义,初步形成合作意识,形成对小组的认同感和集体荣誉感。

二、活动方式

活动、讨论、交流等。

三、活动步骤

(一) 班主任导入

1. 回顾小组角色分配、口号和组名。

班主任:上一节课我们组建了合作小组,每个小组都能各司其职,下面请每组的汇报员说一说自己组的名称和口号。

设计意图:帮助学生回忆自己的组名和口号,营造合作的氛围,为下面的学习做铺垫。

2. 出示主题。

今天我们课的主题是以小组的形式来制定科学教室使用规则。我们邀请了科学课王老师和我们一起来合作完成今天的主题。在开始我们的合作任务之前,老师要先给你们普及一下甄选机制。

甄选机制的定义:经过周密的思考和考察之后做出的选择。

老师会甄选出好的使用规则作为我们的公约。

设计意图:普及甄选机制的定义,让学生对此有个了解,让他们知道在课的最后会甄选出好的建议来作为科学教室的使用规则。

(二) 科学老师教授使用规则的相关知识

1. 科学老师介绍如何制定规则。

王老师:同学们,今天的主题是制定科学教室使用规则,那么什么是使用规则呢?让我们先来看几个范例。

出示图片,关注格式和用词,突出"要怎么做"。

设计意图:科学老师介绍使用规则的定义并给出范例,这样有助于学生规范自己的语言,尽量做到精简。

2. 科学老师介绍制定规则。

王老师：好，在知道了什么是使用规则后，让我们看看使用规则主要涉及哪些方面。请看一些照片，思考并在小组内讨论针对科学教室的使用，有哪些方面需要制定规则。（小组第一次讨论）

3. 根据汇报，教师总结出有三个方面需要制定规则——环境、纪律、仪器的安全使用和摆放，并进行板书。

设计意图：师生共同总结出几个方面的内容，老师帮助学生分类，有助于学生更好地进行讨论。

4. 规则制定好后，如何保证组员能够认真执行？（小组第二次讨论）

教师随机提醒学生在制定好使用规则后写上监督员的分工，如"安静整齐地排队并由汇报员进行监督计分"等。

5. 动手制作规则。

班主任：讨论好了合作学习的范围和分工后，让我们一起动手用自己的画笔制作属于我们的规则吧！

小组第三次讨论，由记录员记录，要求每个方面不少于两条规则，然后进行小组筛选，对于内容相同的规则，选用词恰当的，尽量精简。

6. 班主任出示学习单。

班主任：在讨论之前，我们一起来回顾一下。我们今天讨论的主题是科学教室的使用规则，时间是10分钟，合作步骤如下：

（1）由组长组织开展讨论。
（2）记录员记录组员的观点。
（3）检查员检查内容是否正确。
（4）汇报员汇报小组讨论好的信息。

学习单（10分钟）

一、主题
科学教室的使用规则。
二、合作步骤
1. 由组长组织开展讨论。
2. 记录员记录组员的观点。
3. 检查员检查内容是否正确。
4. 汇报员汇报小组讨论好的信息。
小组讨论并制定科学教室使用规则。

设计意图：学习单可以帮助学生明确自己的任务，有条不紊地展开讨论，提高学习效率。

7. 在小组讨论的过程中，教师要巡视并进行指导。

不足之处：在课前准备时，教师让小组进行了课前思考并做了一些准备。这就导致在课堂上小组的讨论不大热烈，学生没有经过交流就将事先准备好的内容进行呈现。

8. 汇报员汇报，老师做出相应的选择。

班主任：小组汇报可以参照以下格式——"大家好，我是××组的汇报员，我们合作讨论的科学教室使用规则如下：在卫生方面，……；在纪律方面……；在……方面……。"

设计意图：规定汇报格式可以让学生规范自己的表达，也可以让其他组的学生在聆听时抓住重点。

9. 全班合作讨论出比较好的科学教室使用规则，甄选上黑板。

（三）展示设计卡，教师评价总结

1. 你们是怎么合作的？
2. 教师总结。

（1）今天我们为什么比较成功？

（2）今后我们要多开展类似的合作学习，并且我们的合作学习要朝着这样的方向发展。

设计意图：教师开展评价，让学生知道小组合作的不足之处，讨论以后怎么改进。

（设计者：王寅萍、邬蕴雯）

三、师师合作教学模式评析

传统课堂教学通常都是由一位教师独立完成的，在同里实验小学推进实施江苏省教育科学"十三五"规划课题"儿童合作学习驿站构建的实践研究"的过程中，课题组尝试由两位老师合作完成课堂教学。两位老师共同执教一节课，对于我们来说是尝试，更是挑战。在准备及上课过程中，师师合作教学模式有很多有别于传统课堂教学的注意要点，具体如下。

（一）确定内容，制订学习目标

首先我们必须认识到，师师合作教学模式并不一定适用于每一门学科、每一项内容，在实际备课或教学的过程中我们发现，有些内容确实超出了老师的专业范围，需要有另一位更具专业性的老师参与合作教学。在备课时，两位老师要共同商定上课内容，对于要达成的教学目标，要提前沟通好。

譬如在准备"设计小组海报"一课时，班主任希望通过这节班会课加强学生对自己所在小组的认同感，进一步提升学生的合作意识和合作能力。但是指导学生设计海报对班主任来说着实不易，这时美术老师的帮助就极其重要。为了使"设计小组海报"这节课既符合班会课要传达的合作理念，同时又保有美术特色，两位老师必须沟通并确定各自的教学目标。在明确了各自要达成的目标后，两位老师开始设计教学，这时必须先围绕各自的教学目标分别独立设计，然后再合二为一，整合成一份完整的教案。

虽然最后的成品只是一份教案，但师师合作的教学设计绝对不是凭一己之力就能完成的，在备课过程中两位老师不应是两个独立的个体，而应共同探讨，相互协商，从各自的教学目标出发，合理设计教学过程，以便于开展师师合作教学，为学生的合作学习打好基础。

（二）明确分工，梳理上课环节

确定了教学内容和教学目标后，两位老师的教学环节和各自的任务就很清楚了。例如在"设计小组海报"这一课中，美术老师的教学环节包括引导学生了解海报的构成、海报的制作方法并制作海报。班主任主要负责回顾小组的名称、口号、成员分工，引出主题"制作小组海报"，然后请美术老师进行教学，最后进行小组海报评比。

按照上述流程上完课后，两位老师感觉整节课似乎和美术课无异，完全失去了班会课的意味，也体现不出合作设计这节课的初衷，更缺少师师互动，于是他们重新明确了分工，梳理了教学环节，将第一部分美术老师的回顾、引入、认识海报改由班主任来完成，当然变化的不只是顺序，师生的对话内容也做了相应的调整。改变过后再次试上，基本达成了设定的教学目标。

我们很容易走入这样的误区，认为专业的部分必须由相关专业的老师来完成。比如在"设计小组海报"一课的教学中，一开始，所有与美术相关的教学环节都让美术老师来完成，其实师师合作的教学并非如此简单。本课的重点是要让学生感受到合作的好处，萌生出合作的意识。制作海报只是一个手段，目的是让学生在操作的过程中感受到合作的力量。因此美术老师需要指导的是最为关键的海报制作环节，而班主任则需要调控全场。所以在明确分工时，首先要分清主次，其次要梳理清楚各个环节，最后要充分挖掘出本课可以小组合作的内容，时刻注意培养学生的合作意识。

（三）互相配合，开展有效合作

师师合作教学的配合主要体现在两个方面：一是角色转换时的配合，二是讲授及指导时的配合。

在师师合作教学模式下，两位老师主要是通过语言的过渡衔接实现角色的转化。例如由班主任到美术老师的转化："我们已经确定了海报的内容，那该如何把这些内容放到这张4开的纸上呢？请美术老师来介绍一下。"再如由班主任切换回美术老师："在制作海报之前，班主任对我们提出了哪些要求呢?"诸如此类的过渡语,不仅能让整节课更加流畅自然,也能让学生更加明确哪位老师是此时此刻的引导者,接收到的合作指令也会更清楚。

两位老师在讲授和指导时的配合又分为两个方面:一方面,当一位老师在讲授时,另一位老师自动化身为他的"小助手",帮助其贴板贴、写板书,或展示PPT等。比如在班主任介绍海报的构成时,美术老师适时贴上板贴"图片"或"文字";再如当到了规定的制作海报时间,班主任提醒每个小组上交作品,美术老师则协助小组按照提交顺序依次摆放海报。另一方面,当两位老师共同巡视小组合作情况时,要注意巡视的范围不能重合,应一前一后,一左一右,顾及每个小组,为他们提供指导。这也是双师课堂较传统课堂的优势所在,两位老师从不同角度观察学生的合作情况,能够更全面地分析小组合作成功或失败的原因。

师师合作教学是一种全新的教学模式。在备课时,老师们不再是单独的个体,而是合作探讨的伙伴;在教学中,老师们同样不再是独立的个体,而是合理分工、互相配合的伙伴;只有老师们先做到有效合作,学生的小组合作才能顺利开展。以上三点是课题组经过尝试总结出的经验,在实际教学时,还有很多需要注意的地方,期待老师们的尝试与发现。

第五节　项目化学习模式

一、模式解读

项目化学习是一种指向深度学习的探究活动,旨在促进儿童全身心的、合作性的问题解决,以及创造性思维与批判性思维的发展。项目化学习以驱动型的任务与问题来激发学生的学习兴趣和需要,通过学生持续的探究与实践,合作呈现出最终的作品。在项目化学习中,探索的过程应指向学生核心知识的再建构和思维的迁移,同时还要辅以多种工具和材料的运用。

二、项目化学习模式的运用

本研究分别以"历史的回声""同里实验小学的名称历史(跨学科)""观校史　知民国——找不同(跨学科)"和"校园指示图(跨学科)"项目化学习活动的设计为例,探索项目化学习的运用。

【案例】"历史的回声"项目化学习活动的设计

一、背景与导入

同里实验小学坐落于"醇正水乡，旧时江南"的千年历史文化名镇同里，著名爱国教育家金松岑于1902年创办的同川学堂和退思园第二代主人任传薪于1906年创办的丽则女校为学校前身，至今有120年的办学历史。基于学校得天独厚的地理位置和千年古镇、百年老校的传统文化资源，如校园里的雪耻亭、五九国耻纪念碑等（图1，图2），我们开展了以"历史的回声"为主题的项目化学习活动。

图1　雪耻亭　　　　　　图2　五九国耻纪念碑

同里实验小学从江苏省教育科学"十三五"规划课题开始，致力于学生合作学习素养培育的实践研究，至今已积累了十余年关于学生合作学习的实践经验。在此次五年级"历史的回声"项目化学习过程中，课题组根据研究对象的特点及要求，将班级学生分成情报站、发现者、小学者、合秀吧、DIY、创作坊和梦空间等7个小组，鼓励学生结合个人兴趣和特长，主动报名参与项目化学习活动。

二、项目设计

在活动开始前，为了掌握学生对所探究项目有哪些了解，同时也为了更好地满足学生的探究欲望，课题组设计了入项调查表。

（一）入项调查

为了了解五年级学生已知和想知的内容，课题组在五年级发放入项调查表并要求学生如实填写，紧接着便回收入项调查表并进行汇总分析（表1，图3）。

表1 "历史的回声——雪耻亭和五九国耻纪念碑"入项调查表

项目	我已知道的	我想知道的
 五九国耻纪念碑		
 雪耻亭		
 当时的服饰		

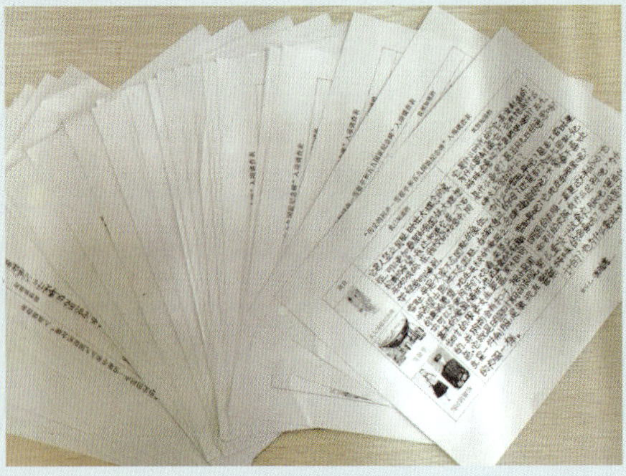

图3 回收学生问卷

(二）设计活动

根据回收的入项调查表所反映的学生实际需求，课题组设计了以下活动内容（表2）。

表2 项目化学习设计表

项目化学习设计			
设计者：闵荣生			设计时间：2022年3月
项目名称	历史的回声	□活动类　□学科　☑跨学科	
^	^	项目时长：1个月	
主要学科	语文、数学、美术	相关学科：信息技术、手工、综合实践活动	
驱动性的问题/任务	你知道我们学校多少岁了吗？	学生要求（年级）	五年级
学习目标	1. 依托学校校史资源特色，通过对五九国耻纪念碑、雪耻亭等的探究活动，了解五九国耻纪念碑的历史，培养爱校、爱家乡、爱国的思想感情 2. 通过排练话剧、吟诵爱国歌曲、译读碑文、绘制服饰、编制年史、碑亭制作等真实的体验活动，培养学生合作探究的能力和解决问题的能力 3. 合作探究体验合作的乐趣		
学科核心知识	语文：翻译文言文、配乐吟诵、撰写剧本		
^	数学：科学测量、计算比例		
^	美术：绘制结构图、制作模型		
^	综合实践活动：采访、上网搜集资料、问卷调查		
教材相关	1. 通过上网检索、问卷调查、现场考察、采访等搜集与五九国耻纪念碑相关的信息 2. 通过搜集整理五九国耻纪念碑和雪耻亭的历史资料，重点研究五九国耻纪念碑的地点位置和发展过程，培养学生的数据分析能力和合作探究意识 3. 通过搜集资料、请教师长、查阅字典等方式将五九国耻纪念碑文翻译成白话文，并由扶到放、由学到用，探寻同里实验小学校园内的其他碑刻，尝试将其翻译成白话文 4. 了解五九国耻纪念碑和雪耻亭的历史故事，融合其他内容，有感情地配合音乐吟诵 5. 了解五九国耻纪念碑和雪耻亭的历史故事，通过分析将调查到的历史故事进行梳理，编写成剧本并表演 6. 通过自主调查，了解民国时期男女服饰的样式；通过自行绘制男女服饰样式，了解男女服饰的主要特点；学习了解拓印方法，对"雪耻亭"三个字进行拓印 7. 自主观察并研究五九国耻纪念碑和雪耻亭的构造，讨论并合作画出其结构图；查阅碑与亭的建筑资料，将调查到的信息进行整理，学做建筑师，用剪纸、陶艺、框架结构模型等形式呈现碑与亭		

成果形式	1. 活动日记、手抄报 2. 话剧表演《誓雪国耻》 3. 碑文诗朗诵 4. 五九国耻纪念碑碑文的白话文译文 5. 民国服饰图片、黏土作品、拓印 6. 同里实验小学校史时间轴、路线图 7. 五九国耻纪念碑和雪耻亭的模型、剪纸作品 8. 采访视频	成果评价量规： 1. 学习成果的质量 2. 小组合作的参与率
资源准备	1. 设计各组学习单 2. 为学生配备指导老师团队，给学生提供专业的引领 3. 搜集文献资料，准备查阅工具，如字典、电脑、《同里志》等 4. 丽则女校和学校的爱园为学生提供了相对独立、便于到达的活动场所。此外，未来教室、信息教室、同川讲堂等专用教室也能为项目的实施提供场所支持 5. 拓印需要的工具 6. 学校提供的美术工具、测量工具、民国服装等为项目的实施提供了必要的物质基础	

（三）7个小组的探究目标

为了让学生更好地发挥自身优势与特长，我们设计了7个小组——情报站、发现者、小学者、合秀吧、创作坊、DIY和梦空间，每个小组的任务各不相同，通过组员之间的相互配合，形成项目探究成果。

1. 情报站小组。

（1）研究方向。

五九国耻纪念碑、雪耻亭的背景资料搜集和整理。

（2）实施过程。

① 搜集、整理五九国耻纪念碑和雪耻亭的有关资料。（第一周）（图4）

A. 分别通过网络和书刊搜集与五九国耻纪念碑相关的历史资料。

B. 将调查到的资料填在下面的表格中（表3）。

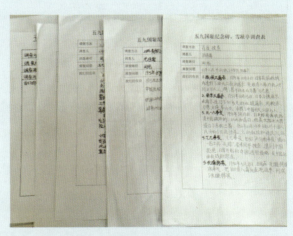

图4 学生搜集的五九国耻纪念碑和雪耻亭的相关资料

表3 五九国耻纪念碑、雪耻亭调查表

调查方法	
调查人	
调查路径	
调查问题	
我们的收获	

② 组织开展同里实验小学学生对五九国耻纪念碑和雪耻亭了解情况的问卷调查。(第二周)

A. 组织学习问卷调查的方法并设计制作调查问卷。

B. 对同里实验小学3~6年级学生进行抽样调查。

C. 组织学生统计和分析调查问卷并撰写问卷调查报告。

③ 对学校爱园中的五九国耻纪念碑和雪耻亭进行现场调查。(第三周)

A. 现场观察并测量五九国耻纪念碑。

B. 采访同里实验小学徐根泉书记（图4），了解同里实验小学复建五九国耻纪念碑和雪耻亭的过程及意义。拍摄采访视频，撰写采访日记。

图5 采访同里实验小学徐根泉书记

采访徐根泉书记

今天我们在闵老师的带领下参观了丽则女校的雪耻亭和五九国耻纪念碑。在那里，退休教师张老师接受了我们的访谈。我们对雪耻亭和五九国耻纪念碑有了更多的了解。

随着调查的深入，我们心里有了越来越多的疑惑：学校为什么要把这两个建筑复制到校园里来呢？是什么时候复制过来的？围绕雪耻亭和五九国耻纪念碑我们可以开展什么活动呢？带着这些疑问，我们对学校的徐根泉书记进行了一次采访。

这次采访任务由我承担，我的内心非常紧张，刚想开口问问题，却把原先想好的问题都忘记了。徐书记微笑着鼓励我不要紧张。在徐书记的鼓励下，我慢慢地放松了心情。本次采访非常顺利。通过采访我们知道了学校是在2017年校园文化建设的时候把雪耻亭和五九国耻纪念碑这两个建筑物复制到校园里来的。把它们作为学校爱园的主景观，是为了便于对学生展开爱国主义教育。徐书记希望我们能够传承我校爱国主义的优良传统，将雪耻亭和五九国耻纪念碑的情况介绍给其他同学，希望我们把爱国主义思想凝聚成热爱学习的动力。

[五（3）班　沈佳雯]

④ 现场调查丽则女校的五九国耻纪念碑和雪耻亭（图5）。

A. 组织6位组员来到丽则女校对雪耻亭和五九国耻纪念碑进行现场调查，测量五九国耻纪念碑的长度、高度，拍摄现状照片（图6）。

B. 现场采访退休教师张美华（张老师是五九国耻纪念碑重见天日的见证人）（图7），了解五九国耻纪念碑的历史，了解雪耻亭建造的背景。

C. 撰写调查日记。

图5　学生到丽则女校进行现场调查

图6　学生实地测量五九国耻纪念碑

图7　采访退休教师张美华

参观丽则女校

今天下午，闵老师带我们情报组去参观了丽则女校。

我们走进丽则女校古朴的校门，只见那里绿树成荫、风景如画，民国时期的建筑映入眼帘。我仿佛看到了一个个穿着民国时期服装的孩子在这儿活动和上课的情景。

整体参观之后，丽则女校的雪耻亭和五九国耻纪念碑吸引了我们，因为我们正在开展与之相关的调查研究。我们迫不及待地走进亭子，仔细观察五九国耻纪念碑。这时我们遇到了一位老奶奶。闵老师介绍说，她是我们学校的退休老师张老师。张老师曾经在丽则女校读过书，也曾经在这里教过书。

这么好的机会！我们忍不住地向张老师请教关于五九国耻纪念碑和雪耻亭的一切。张老师耐心地向我们做了介绍。她告诉我们，1915年，日本向中国提出"二十一条"，卖国贼袁世凯没有断然拒绝，而是采用拖延战术，与日方秘密谈判。消息传到同里，丽则女校的师生怒不可遏，一起咬破手指写下了"誓雪国耻""打倒袁世凯"等爱国口号。为了纪念这个日子，不忘国耻，当时学校又立下了这块"五月九日国耻纪念之碑"。抗日战争时期日本鬼子入侵同里，学校师生为了不让纪念碑被日本鬼子破坏，就把它埋在地下。后来还是学校的老师们在修缮学校院子的时候，才让这块碑重见天日。为了保护这块碑，当地政府出资建造了雪耻亭。

张老师声情并茂地向我们讲述了这一段故事，同学们听完都肃然起敬。

[五（3）班　顾芳菲]

⑤筛选和整理资料。（第四周）

A. 小组成员资源共享汇总资料。

B. 筛选和整理五九国耻纪念碑及雪耻亭的相关资料。

C. 根据现有的资料绘制手抄报。

⑥成果分享。

A. 将整理好的资料制作成PPT，在全班进行交流展示。

B. 将搜集到的资料进行整理，编写成五九国耻纪念碑讲解词。

C. 组员分别进行讲解训练，并向低年级学生讲解五九国耻纪念碑的历史，进行爱国主义教育（图8）。

图8　向低年级学生介绍五九国耻纪念碑和雪耻亭

我做雪耻亭的宣讲员

本学期我们开展了"历史的回声——雪耻亭和五九国耻纪念碑"的项目化学习活动。我所在的小组是情报组，负责搜集关于雪耻亭和五九国耻纪念碑的相关信息。在老师的指导下，我们通过上网搜集相关资料，查阅

《同里志》，到丽则女学参观雪耻亭和五九国耻纪念碑，采访徐根泉书记和退休教师张老师，搜集到了很多的相关信息。在全组同学的努力下，我们还整理了关于雪耻亭和五九国耻纪念碑的解说词。秋高气爽，我带着二年级（3）班的同学来到爱园，给他们讲解雪耻亭和五九国耻纪念碑的历史。由于之前的准备非常充分，我一开始就胸有成竹地给小弟弟、小妹妹们介绍了五九国耻纪念碑的由来和背后的故事。同学们听得津津有味，我也觉得非常有成就感。讲解完了之后，我灵感突发，让他们向我提问题。这下好了，没想到他们提出了很多稀奇古怪的问题，比如，雪耻亭和五九国耻纪念碑是在丽则女校的，为什么我们还要把它们复制过来？工人们是怎样将这两个建筑一模一样地复制过来的？袁世凯真坏，他后来怎么样了？日本人在同里干过什么坏事？⋯⋯汗水不停地从我头上冒了出来，幸好闵老师在边上，他及时地替我解了围，给小同学一一做了解答。

看来，我们组对雪耻亭和五九国耻纪念碑的研究还很肤浅，还有很多问题等待着我们研究。我会把今天的感受告诉我们组的同学，并和他们一起继续深入地展开调查。

[五（3）班　丁语倪]

2. 发现者小组。

（1）研究方向。

五九国耻纪念碑的建造时间、方位、路线探究。

（2）实施过程。

① 探究时间，完成时间轴。（第一周）

A. 明确任务，分工搜集资料。6位组员分别搜集五九国耻纪念碑和雪耻亭的历史资料，了解相关知识（图9）。

B. 汇总资料，全员整理相关时间和事件。学生自己搜集资料后，全组组员进行分享和汇报。整理资料时重点关注相关时间节点和事件，并进一步查证确认。（图10）

图9　学生上网搜集相关资料　　图10　学生交流汇总相关资料

C. 自由分工，完成时间轴草图。根据大家记录的相关时间和事件，全组成员自由选择并以编制表格和画图的方式绘制草图。(2人编制表格，4人画图) (图11)

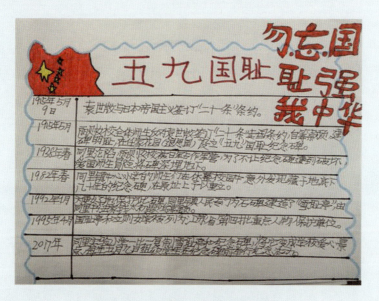

图11 五九国耻纪念碑时间轴草图

D. 交流讨论，修改完善草图，形成最终稿（图12）。

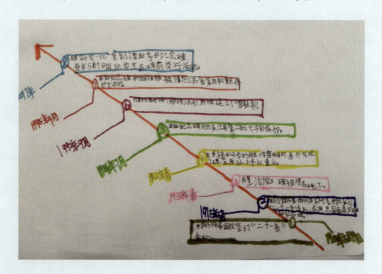

图12 时间轴终稿

E. 师生合作，利用多媒体技术制作课件，形成动态时间轴（图13）。

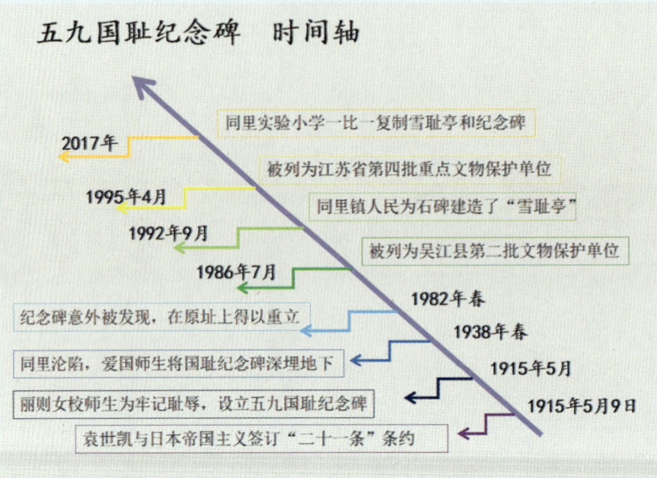

图13 电脑绘制动态时间轴

② 探究地点，明确具体方位。（第二周）

A. 自由查阅资料，明确雪耻亭的位置。（江苏省苏州市吴江区同里镇）

B. 小组合作：观察、认识地图。能够在地图上准确指出雪耻亭的位置，并通过不断缩小范围，加深对地图的了解，学会使用地图。

③ 探究路线，绘制路线图。（第三周、第四周）

A. 兴趣驱动：在探究过程中，小组成员对五九国耻纪念碑和雪耻亭很感兴趣。为了加深他们的了解和感受，小组决定共同前往丽则女校参观五九国耻纪念碑，并设计一条从同里实验小学到丽则女校的路线图。

B. 前期准备：根据高德地图，小组制订出行计划，讨论确定出行方式——步行，选择路线——西路线，分配任务——沿途记录路线、周围环境、标志建筑等。

C. 实地勘查：老师带队，全组参观五九国耻纪念碑和雪耻亭。（来回路程共计需时35分钟，参观20分钟）（图14）

图14 教师带队前往探究地点

D. 后期绘制：小组根据成员的记录进行梳理、汇总，共同讨论绘制路线图的形式和方式。之后，4人合作绘制行走路线图（图15，图16），2人撰写勘查日记进行记录（图17）。

图15　学生绘制行走路线图

 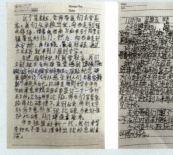

图16　电脑绘制动态路线图　　　　图17　学生撰写寻访日记

E. 师生合作：在老师的指导下，小组商讨修改路线图的细节问题，确定最终稿。借助多媒体技术，设计制作动态路线图。

3. 小学者小组。

（1）研究方向。

用白话文翻译五九国耻纪念碑碑文。

（2）实施过程。

① 通过实地勘查复建的五九国耻纪念碑和雪耻亭，现场摘录碑文内容。（第一周）（图18，图19）

图18 学生现场摘录五九国耻纪念碑碑文　　图19 学生摘录的五九国耻纪念碑碑文

② 将摘录的五九国耻纪念碑碑文由繁体字转换成简体字，不熟悉的字查字典并标注拼音。（第二周）

③ 尝试给五九国耻纪念碑碑文加上标点进行断句。

五月九日国耻纪念之碑碑文（背面）

无锡钱基博撰文
桐城吴芝瑛写石

唯中华民国四年五月七日，东人不德，实启戎心，要盟是利，以蔑我宗邦，为号五，为件二十有一。我国人无拳无勇，亦既爱和平而薄武力，相忍为国，越三日诺焉。于是诸姑姊妹耻之，乃买石置础于校之南方，题曰"五月九日国耻纪念之碑"，以明耻也。夫知耻近勇，君子以为难，况弱女子乎？呜呼！可以风矣。抑吾闻之也，土耳其贵主塞基氏，皇之妹也，作嫔于巴耐农典亲王。巴尔干之役，亲王总戎马，再战再北。主以大戚，日夜跽神祝战胜。乃琢木为花，砌花成圈，用火燔焉。意盖祈国势之隆炽，炎炎如火也。既火炽弥烈，光彻霄汉，主奋身投火中，扬手言曰："天不祚土，男子执干戈卫社稷者，亦既不能发愤蹈难，继绳我皇祖之武烈，用固疆圉。予虽妇人，私心实耻之。今不恤牺牲予身，以祀大神，庶其天鉴。予忱厉战阵无勇者，而奋其虩怒。"卒燔以死。呜呼！人亦有言曰："嫠不恤其纬，而忧宗周之陨为将及焉。兹者强邻不戢，日蹙国百里。岂唯吾党二三子之耻，抑亦诸姑姊妹之忧也。往者斯巴达妇人逢战争时，辄以盾与爱儿，曰：'以此尸敌而归，否则尸汝而归。'呜呼！此斯巴达之所以地方不逾百里，而兵无敌于天下者也。唯诸姑姊妹实图利之。"

金匮杨文卿镌

④ 将五九国耻纪念碑碑文翻译成白话文，在翻译过程中有问题就请教语文老师或查阅古文字典。（第三周）（图20、图21）

图20　学生查阅相关古籍资料

图21　学生请教语文老师

五月九日国耻纪念之碑碑文（背面）

无锡钱基博撰文
桐城吴芝瑛写于石上

中华民国四年五月七日，日本人不讲道德，萌发了入侵的野心。为了他们的利益，强迫我们签订条约，蔑视我们的国家。条约共有五号，分为二十一条。我们国人没有力量，又缺乏勇气，也爱好和平轻视武力，为了国家的利益而忍让、克制，过了几天就答应了条约的要求。在此等情况下诸位姊妹感到耻辱，于是买石碑立在学校的南面。碑身正面刻"五月九日国耻纪念之碑"，来明示耻辱。知道羞耻就接近勇敢了，君子尚且认为这是很难做到的，何况是弱女子呢？呜呼！可以借此来影响其他人了！我还听说，土耳其尊贵的公主塞基氏，也就是皇上的妹妹，嫁给了巴耐农典亲王。在巴尔干战役中，巴耐农典亲王统帅军队，却一次又一次地打了败仗。公主因此非常伤心，日夜跪拜神灵、祈求战争的胜利。于是将木头雕琢成花朵，将木花朵堆成一圈，用火烧掉。意思大概是祈求国势像炎炎烈火般兴旺。等到火势越发炽盛，火光直冲云天，公主奋身投入火海中，挥手高呼："上天不保佑我们的国土，拿起武器保卫国家的男子，也已经不能下定决心经受危难，延续我皇祖的威武，安定边疆。我虽为女子，心里也确实感到耻辱，如今不顾牺牲自身，用来祭祀大神，交由上天鉴别。我热忱地激励战场上不够勇武的士兵，振奋他们的暴怒。"最终公主火烧身亡。呜呼！古人也有言：寡妇不担忧织布用的纱少，而怕国家灭亡会祸及自己。如今强大的邻国放纵，我们的国土日益受损。难道只是我们几个人的耻辱吗？抑或也是诸位姊妹的忧愁啊。以前斯巴达妇人每逢战争时就将盾牌交给自己的孩子，说：拿这个杀敌而归，否则就让它载着你的尸体回来。呜呼！这就是斯巴达土地不超过百里，但是军队天下无敌的原因。希望诸位姊妹切实权衡利弊采取行动。

金匮杨文卿镌刻

⑤探寻同里实验小学的其他碑刻并尝试用学到的方法进行翻译。（第四周）（图22）

图22　探寻校园中的其他古文资源

⑥在亲自参与、亲身体验的实践活动之后，学生或多或少会有感想和感悟，这时应趁热打铁，让学生通过撰写读后感的方式将模糊混沌的感受用语言进行描述和记录。

活动反思

反思1：我一直很喜欢参与项目化学习活动。一方面，项目化学习活动可以让我们走出教室，走向社会；另一方面，项目化学习活动可以让我学会很多书本上没有的知识。很有幸我被选为我们文学组的组长，在探究五九国耻纪念碑的整个活动中我的收获真的非常大。

在活动中我要安排很多事情，譬如带领小组去实地探访，和老师约定活动的时间、地点等。为了把事情办稳妥，我要经常和小组成员一起商量，这让我学会了沟通，也让我知道了团队的力量和协作的重要性。另外，有很多事情是我在活动前没有想到的，比如如何收集资料、如何设计问卷调查表等。有的时候我们都快急哭了，幸好有陈老师来和我们一起想办法，我们也因此知道了学习知识的重要性，因为搜集资料、设计表格都是很专业的啊！呵呵，以后上网真的不能只是听歌或打游戏了！

总之，本次活动不但让我知道了知识的重要性，还教会了我做事情一定要多动脑筋，多沟通，多合作。

［五（3）班　黄国柱］

反思2：我们文学组这次的主要活动是完成五九国耻纪念碑碑文的白话文翻译。我原本以为翻译碑文是比较简单的事情，但是随着活动的深入，我发现：想想简单的事情，做起来还真难啊。

首先我们要把五九国耻纪念碑背面的碑文临摹下来，老师给我们分了工。我想：这还不简单？抄写下来就行了。但真正实施起来却有意想不到的麻烦，可谓困难重重。

在摘录碑文时我们就遇到了麻烦，碑上有很多繁体字，老师让我们依样画葫芦地写下来，可费劲了。临摹下来后，我们请教书法老师，把繁体字改成了简体字，现在能看懂文字了。可是碑文一个标点都没有，怎么断句又是摆在我们面前的大难题。我们去请教了语文陈老师，和陈老师一起进行碑文标点的加注，才真正进入了白话文翻译环节。面对那些晦涩、生僻的汉字，我们望而生畏，语文陈老师把碑文进行了分割，每位同学翻译一部分，从而减少了工作量。同时陈老师要求我们在翻译的过程中了解当时的时代背景，并指导我们查阅《古文字典》、上网查阅相关资料等。我们遇到难题时，她都会耐心地指导我们。经过共同努力，我们终于完成了碑文翻译任务。

有些事真是看起来容易做起来难啊！这是一次很好的经历，对我以后的学习和生活也有积极的促进作用。

[五（3）班　齐思涵]

4. 合秀吧小组。

（1）研究方向。

了解五九国耻纪念碑和雪耻亭的历史故事，融合其他小组的学习内容，有感情地配合音乐吟诵。

（2）实施过程。

① 学习理解碑文。（第一周）（图23）

A. 熟悉碑文内容：利用工具书《现代汉语字典》和《古汉语字典》，对于不会读的字和不理解的字通过查字典扫清阅读障碍。

B. 理解碑文内容：借助字典，请教老师，了解五九国耻纪念碑和雪耻亭的历史故事。

图23　学习理解碑文

C. 学会给碑文断句：了解古文断句的基本概念，尝试给雪耻亭、五九国耻纪念碑的碑文断句。

② 朗读成诵。(第二周、第三周、第四周)

A. 尝试读：理解碑文内容，独自尝试根据断句符号和标点符号读碑文。在读碑文的过程中，把难点圈画出来。组内商讨有疑问的地方该怎么读，最后教师释疑。

B. 熟读：古调老师示范读，6名组员认真听，找出自己朗读中存在的问题。

C. 教读：根据老师示范的读法，小组组员采用多种形式读碑文，如个人读、合作读和分段读等。

D. 配乐读：选择节奏跌宕的背景音乐，组员跟着音乐的旋律诵读碑文（图24）。

E. 教师示范：教师跟着音乐的节奏，重点指导前面五句碑文的诵读，并一一指导。

F. 诵读：在雪耻亭下，学生跟着音乐的节奏，一句一句合作读和五句合作读。在诵读碑文的过程中，感受先辈的爱国情怀。

图24 学生在配乐诵读五九国耻纪念碑碑文

5. 创作坊小组。

（1）研究方向。

翻译并情景再现五九国耻纪念碑的故事。

（2）实施过程。

① 阅读故事：划分五九国耻纪念碑故事发生的三个主要时间段。(第一周、第二周)（图25）

图25 阅读历史故事

② 学写剧本：学习课本中剧本的格式，采访学校艺术组的老师，了解剧本的具体编写流程，在老师的协助下，完成剧本的初稿（图26）。

图26 请教艺术老师学写剧本

誓雪国耻（小剧本）

故事背景：第一次世界大战爆发后，日本帝国主义向中国发动了疯狂的侵略。1915年5月9日，窃国大盗袁世凯为了实现其皇帝梦，竟冒天下之大不韪，屈膝于日本侵略者，卖国求荣，在丧权辱国的"二十一条"上签字。消息传到了同里丽则女校，全体师生义愤填膺，当场咬破手指血书"誓雪国耻"，以示抗议，并立五月九日国耻纪念之碑，以警示后人。

时间：1915年5月9日。

地点：丽则女校。

人物：主持人殷同薇、秋瑾挚友吴芝瑛、丽则女校师生。

（开场：丽则女校师生聚集一堂）

殷同薇：（站上椅子，慷慨激昂）同胞们！亲爱的同学们！今天，我刚得到消息，窃国大盗袁世凯为了实现其皇帝梦，竟冒天下之大不韪，屈膝于日本侵略者，卖国求荣，在丧权辱国的"二十一条"上签了字，你们知道吗？

师生甲：知道！同学们，这"二十一条"，是占我山东啊！

师生乙：这"二十一条"，是占我旅顺！

师生丙：这"二十一条"，是夺我矿产！

师生丁：这"二十一条"，是侵我主权！

殷同薇：同胞们！亲爱的同学们！这是丧权辱国的"二十一条"啊！

师生戊：这是祸国殃民的"二十一条"啊！

师生己：这是丧尽天良的"二十一条"啊！

师生甲：这是奇耻大辱的"二十一条"啊！

殷同薇：我们能答应吗？我们不能！我们中华民族不能！让我们记住今天！（拿出一块白绢，咬破手指，写下"誓雪国耻"）

师生乙：我来！（咬破手指，血书"卧薪尝胆"）

师生丙：我来！（咬破手指，血书"精忠报国"）
师生丁：我来！（咬破手指，血书"还我河山"）
师生戊：我也来！（咬破手指，血书"国仇家恨"）
师生己：我也来！（咬破手指，血书"振兴中华"）
殷同薇：（振臂大呼）反对"二十一条"！
师生齐呼。
吴芝瑛：打倒日本帝国主义！
师生齐呼。
师生甲：还我河山！
师生齐呼。
师生乙：振兴中华！
师生齐呼。

吴芝瑛：亲爱的同学们！为了记住今天我们民族的这一国耻，我提议，我们立一座纪念碑，让我们的下一代也铭记这一段历史！
殷同薇：我赞成！
全体师生：我赞成！
吴芝瑛：（取出一条幅，挥笔写下"五月九日国耻纪念之碑"）
殷同薇："五月九日国耻纪念之碑"，让我们不忘历史，牢记国耻！
师生丙："五月九日国耻纪念之碑"，让我们铭记历史，卧薪尝胆！
师生乙："五月九日国耻纪念之碑"，让我们勤奋学习，精忠报国！
师生丁："五月九日国耻纪念之碑"，让我们刻苦学习，振兴中华！
师生齐："五月九日国耻纪念之碑"，让我们刻苦学习，振兴中华！
（剧终）

③ 写任务单。
　A. 背景音乐如何选择？
　B. 人物的语言如何更加生动？
　C. 旁白如何更加丰富？
　D. 需要哪些道具？

④ 挑选演员：确定演员及所扮演的角色有殷同薇（师范班主席）、吴芝瑛（秋瑾挚友）、老师、袁世凯，其余均为丽则女校学生。

图27　学生在排练话剧《誓雪国耻》

⑤ 排练演出：在学校报告厅排练并向全班同学汇报演出（图27）。（第三周、第四周）

⑥ 演出后感。

第一次穿民国时期的服饰,让我仿佛穿越时光隧道回到了一百多年前的丽则女校。当时全体师生慷慨激昂反对日本帝国主义的场景,她们咬破手指血书誓言的那一刻,让我深深震撼:祖国时刻在我们心里!我爱我的祖国!

——五(3)班　段佳明

我演的角色是袁世凯,被大家唾骂,同学们嘲笑我演的是反面人物,我心里有点难过!不过,老师夸我把这个角色的情绪酝酿得很到位。这样一想,我就释然了。

——五(3)班　朱君浩

深深感觉到当一名演员真的不容易!要把台词背得一字不差、动作表情要到位……经过一遍遍否定与重来,那"打倒日本帝国主义!"的口号喊得荡气回肠,最终通过,我如释重负!

——五(3)班　高亦泽

6. DIY小组。

(1) 研究方向。

民国时期主要服饰样式及拓印方法。

(2) 实施过程。

① 绘画。

让学生通过自己的实践搜集相关资料,初步了解民国时期服饰的特点,了解当时的四种主要服饰。(第一周、第二周)

A. 分工合作,搜集资料:布置6位组员自行寻找相关民国时期服饰的样式,对民国时期的服饰有个初步印象,能让其他学生初步了解民国时期的服饰。

B. 合作探讨,资料整合:学生通过自己的实践搜集到相关资料后,与组员进行资料置换,并通过讨论研究找到民国时期的四种主要服饰,初步了解这四种主要服饰的样式和特点。

C. 了解造型,初步绘制:把6位组员分成两组,查找相关资料并了解民国时期服饰的特点,一组查找民国时期男性服饰,一组查找民国时期女性服饰。

D. 对比研究,交流探讨:将各位组员查到的资料与教师出示的样画进行比对,探讨二者的异同之处,并通过寻找同里实验小学形象娃(图28),比较民国时期学生服饰与同里实验小学形象娃衣着样式的异同。

图 28　身着民国特色学生服的同里实验小学形象娃同川君、丽则卿

E. 查阅资料，绘制图画：在了解民国时期服饰大致特点的前提下，进行民国时期服饰的绘制，并在图旁备注相应的服饰样式及其特点（图 29—图 32）。

图 29　学生绘制的旗袍样式

图 30　学生绘制的民国时期女学生装

图 31 学生绘制的长衫效果图

图 32 学生绘制的中山装效果图

F. 学习创造，黏土制作：6 位组员根据民国时期男女学生的服饰样式，自行制作黏土作品（图 33）。

图 33 学生用黏土制作的旗袍

② 拓印。

在探寻同里实验小学形象娃的过程中，同学们对雪耻亭的牌匾很感兴趣，于是开始研究雪耻亭的牌匾制作原理，以及拓印方法。（第三周、第四周）

A. 实地考察，资料搜集：6位组员观察雪耻亭牌匾的颜色、字体和框架。

B. 走进科学，了解拓印：根据四年级《科学》中的"个性印章"课程学习，了解如何在橡皮上"转印—拓印"，从而明白拓印的原理，设想雪耻亭牌匾的制作过程。

C. 大胆试验，实践探究：6位组员先分工在白纸上写下要拓印的文字，然后用硫酸纸覆盖在纸上描摹该字，再把硫酸纸上的文字转印到橡皮上，用固体刮画落实字形，等转印成功后，用刻刀对橡皮上的字形进行雕刻，一切准备完成后，将刻印好的橡皮沾上印泥即可将文字清楚地拓印在白纸上（图34，图35）。

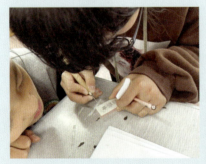

图34　学生刻橡皮章　　　　图35　用橡皮章刻的"雪耻亭"字样

D. 走进拓印，测量字体：拿到仿制的雪耻亭木牌匾后，6位组员分工用大尺子测量牌匾上"雪耻亭"三个字的长、宽、高。

E. 审美研究，木板上色：6位组员共同讨论校园中牌匾上文字的色彩，了解调色，同时要明白牌匾上文字的颜色实际是绿色，由于风吹日晒文字的颜色发生了变化，然后让组员用绿色丙烯颜料给牌匾上的文字上色。

F. 观摩了解，实现拓印：通过查找资料和观看视频，了解古代拓印的工具和方法，自行用纱布、棉花等工具制作拓包，运用拓印工艺，在仿制木板上拓印图画或文字（将宣纸覆盖在仿制木板上，用拓包蘸取墨汁，轻摁摹印）（图36，图37）。

图36　学生在学习拓印

图37　学生拓印的"雪耻亭"三个字

7. 梦空间小组。

（1）研究方向。

了解五九国耻纪念碑和雪耻亭的结构，用剪纸、陶艺、模型等形式呈现碑与亭。

（2）实施过程。

① 剪纸。（第一周、第二周）

A. 搜集资料：布置6位组员通过自主实地观察研究雪耻亭和五九国耻纪念碑的构造，并自行上网查阅资料，了解亭与碑的结构，对碑与亭的结构有个初步认识。

B. 资料整合：通过资料的整理了解到我们学校的雪耻亭为单檐亭，即只有一层屋檐的亭子。按屋面的形状，多角亭可以分为四角亭、六角亭。

C. 绘制图画：小组成员在美术老师的帮助下绘制了雪耻亭的结构图（图38）。

图38　学生绘制的雪耻亭结构图

D. 剪纸制作：剪纸组完成简易手工剪纸（图39）。

图39　学生展示的剪纸作品《五九国耻纪念之碑和雪耻亭》

② 模型。

A. 收集资料、选择组装工具。

B. 了解模型的制作步骤。

③ 实践：搭建雪耻亭模型（图40，图41）。（第三周、第四周）

图 40 合作搭建雪耻亭模型

图 41 学生搭建的雪耻亭模型

④ 陶艺。

A. 收集资料，了解石雕墓碑主要由碑顶、碑身、碑座这三个部分组成。

B. 学习陶艺。

C. 实践制作：陶艺小组完成石碑的制作（图 42）。

图 42 学生用陶土制作五九国耻纪念碑

【案例】"同里实验小学的名称历史(跨学科)"项目化学习活动的设计

一、项目名称

同里实验小学的名称历史(跨学科)。

二、项目时长

1个月。

三、主要学科

数学、综合实践活动。

相关学科:信息技术。

四、驱动性的问题/任务

你知道我们学校以前叫什么名字吗?你知道我们学校的历届校长都有谁吗?

五、学生要求(年级)

四年级学生。

六、学习目标

(1) 培养学生的科学精神,引导学生在探索问题的过程中养成严谨的求知态度和辩证的思维方式。

(2) 加强学生的人文积淀,使学生在研究校史的过程中增进民族文化认同,培养爱国主义情操。

(3) 提高学生的自主学习能力,帮助学生正确认识和理解学习的价值,选择合适的学习方式,自觉有效地使用信息。

七、学科核心知识

数学:了解年份的计算方法。

综合实践活动:上网搜集资料、进行问卷调查。

八、教材相关

(1) 小组合作,搜集同里实验小学以前用过的校名及使用时间等资料,进行交流汇总。

(2) 制作时间轴。将同里实验小学历任校长及校歌与时间对应起来。

(3) 将不同时期的校歌进行填词翻唱。

九、成果形式

(1) 历任校长任职时间轴。

(2) 校歌演变时间轴。

(3) 演唱校歌视频。

十、成果评价

量规:

(1) 学习成果的质量。
(2) 小组合作的参与率。

十一、资源准备

(1) 你的长辈中有不少人是从同里实验小学毕业的,但他们当时就读的同里实验小学和今天的同里实验小学不是同一个地址,你知道同里实验小学以前在哪里吗?它以前都用过哪些校名呢?

(2) 分组(5~6人为1组)。

① 1人查找同里实验小学历任校长的相关资料。
② 1人查找同里实验小学不同时期校歌的相关资料。
③ 3人查找同里实验小学曾用名及使用时间的相关资料。

(设计者:沈铭洲)

【案例】"观校史 知民国——找不同(跨学科)"项目化学习活动的设计

一、项目名称

观校史 知民国——找不同(跨学科)。

二、项目时长

1个月。

三、学科

主要学科:语文。
相关学科:美术。

四、驱动性的问题/任务

我们学校创建于民国时期,那么中华民国是指哪段时间呢?那个时期和现在有什么不同?

五、学生要求(年级)

四年级学生。

六、学习目标

(1) 通过浏览校史长廊及相关纪念点了解民国时期与我们现在的一些不同之处,如建筑风格、服饰样式、文字等,引起对民国时期历史的兴趣。

(2) 通过小组合作,选择自己感兴趣的内容,重点进行深入学习和探讨,提高自主探究、组织沟通与合作能力。

(3) 通过学习成果的展示与评价,初步了解文言文和艺术字体,激发学生对民国时期历史的兴趣,以及对同里实验小学历史的深入了解。

七、学科核心知识

语文：文言文的表述。

美术：艺术字体。

八、教材相关

(1) 做好"观校史 知民国——找不同"项目化学习活动的准备工作，从学生已有的知识出发（三年级上学期学过关于宋庆龄的文章）谈论民国时期历史，让学生明确民国时期是指1912年1月1日—1949年9月30日。

(2) 分小组，起组名，明确分工，发布任务。

(3) 组织学生参观校园，做好参观前所需学习工具等物品的准备。

(4) 以小组为单位完成观察任务单，从"找不同"的趣味化活动开始，引导学生从校史长廊等校内文化资源中找出民国时期建筑风格、服饰样式、文字等与当代的不同，为之后重点对文字表述，即文言文的学习做准备。

(5) 以任务单为基础，针对自己感兴趣而又不熟悉的方面收集更多相关资料，完善任务单。

(6) 以任务单为引领，引导学生了解民国时期建筑与服饰的特点，根据简繁体字对照表解决"我看不懂的字"这一问题。

(7) 以课文《精卫填海》的学习为引子，探寻文言文的表述方式。尝试以小组为单位解决"我不懂的句子"这一问题。

(8) 从任务单中选择内容，以小组为单位完成，内容应包括一篇文言小文，并尝试把它用自己的话表述出来。（可以是民国时期小学生教材中的文章）

九、成果形式

《我所知道的民国》小报。

十、成果评价

量规：

(1) 学习成果的质量。

(2) 小组合作的参与率。

十一、资源准备

(一) 儿童资源

小学四年级学生处于儿童期的后期阶段，这一时期儿童的思维发展水平由具体形象思维向抽象逻辑思维过渡，抽象逻辑思维逐渐成为其重要的思维形式，他们开始从被动的学习主体向主动的学习主体转变。对于这个阶段的学生，教师要悉心呵护他们的好奇心，并耐心加以引导，以激发其对自然和社会的探索欲。

(二) 校内资源

校园内有多处关于同里实验小学历史的标志性场景，有校史长廊、金松岑雕像、五九国耻纪念碑……这些对学生来说既熟悉又陌生，熟悉是因为几乎每天都从它们身边经过，陌生是因为没有真正懂得它们存在的意义和原因。

组织学生从他们的视角出发去发现他们的兴趣点，如民国时期建筑风格或服饰样式与当代的差异，文字繁简及表达方式的不同等，以激发他们对民国历史、同里实验小学校史的兴趣。

(设计者：李俊)

【案例】"校园指示图"项目化学习活动的设计

一、项目名称

校园指示图（跨学科）。

二、项目时长

1个月。

三、学科

主要学科：美术。

相关学科：语文、数学、英语。

四、驱动性的问题/任务

如何让校外访客到同里实验小学后快速找到目的地？

五、学生要求（年级）

四年级学生。

六、学习目标

(1) 让学生更加熟悉同里实验小学校园内各个建筑的名称及地点，把具体的建筑方位通过指示图呈现出来。

(2) 通过合作学习，提升学生的审美鉴赏能力。让学生发挥自己的想象进行构图着色，绘制一幅校园指示图。

(3) 通过本次活动，激发学生关心、爱护校园的积极性。

七、学科核心知识

语文：口语交际及口头表达。

美术：构图及色彩搭配。

数学：比例。

八、教材相关

(1) 通过网络查找相关指示图的标志，为设计校园指示图做准备。

(2) 带领学生或以小组为单位或以班级为单位实地考察校园，做好笔记，记录不同建筑物的方位和名称。

(3) 教师上校园指示图指导课。

(4) 结合课前已考察的校园实景，开始组内分工设计。

(5) 学生在美术老师的指导下，给校园指示图草图着色。

(6) 每个班级选出3组优秀作品在校内展示，并由全校师生投票选出两幅优秀作品。

(7) 得票数最高的两幅作品，由广告公司印刷后分别铺在东校门门口和北校门门口，作为指导家长或外来访客的指示地图。

九、成果形式

校园指示图作品。

十、成果评价

量规：

(1) 学习成果的质量。

(2) 小组合作的参与率。

十一、资源准备

(1) 查找与校园指示图相关的资料。

(2) 分组。根据学生的能力、兴趣爱好及特长进行分组，每组6人。具体如下：

描述/检查（1人）：描述校园内各个建筑物的布局和方位，可以采用"左转""右转""往前"等词汇，一些特殊建筑和设施也必须描述出来；在呈现校园指示图成品后，该同学还必须检查制作是否准确，小组再进行修改、完善。

记录：当1名组员在描述时，其余5名组员必须根据描述描绘出初步的校园指示图，并标注出建筑物名称、方向箭头等。

制图（1人）：将初步的校园指示图更加完美地画在卡纸上，可适当放大，可结合想象画出任何形状的指示图外观。

绘画（3人）：将组员在描述中提到的建筑物名称写下来，将方向箭头画出来，大致有画、涂、剪等步骤。

组合（1人）：将组员制作的半成品结合自己的记录进行组合，同时给校园指示图写上名称。

(3) 准备美术用具。

（设计者：赵叶青）

三、项目化学习模式评析

项目化学习模式源于杜威的"做中学"教育理论。作为一种学习模式，它对于促进学生创新思维的发展有重要意义。这种模式将小学生核心素养中的文化知识、社会参与、自主合作能力进行有机整合，契合了未来教育在情境中运用所学知识解决真问题、创造新意义、获取新知识的需求，对教育转型具有深远的意义。项目化学习模式有以下四个方面特色。

（一）主题鲜明，目标明确

主题的选择是项目化学习模式运用的基础。在选择主题时，必须考虑学生的需求与社会实际。学生是教学实践活动的主体，教师必须积极引导学生自主投入课程学习。在设计主题的过程中，教师必须依据学生的知识基础与经验，结合实际的教学需求和内容，让整个项目活动符合教学目标，并尽量从学生的观察和感知角度去挖掘教学资源，创造形态丰富、独具特色的活动项目。

同里实验小学坐落于"醇正水乡，旧时江南"的千年历史文化名镇同里，至今已有120多年的历史。"历史的回声"项目化学习活动主要以同里历史建筑雪耻亭和五九国耻纪念碑为探究对象，旨在培养学生的合作探究能力，激发学生爱校、爱家乡、爱祖国的美好情感。从前述案例可以看出，所有的实践活动都是从学生的视角出发去设计和策划。这样可以较大程度地丰富学校品德教育的形式，丰富优秀传统文化学习的方式，拓宽教学的边界，使学生在实践活动中发展与提升各项能力。

（二）联系生活，激发兴趣

在开展项目化学习活动的过程中，有许多与传统教学相通的地方——二者都是从知识点出发，但在引导学生进行学习体验方面则有着较大区别。传统教学是根据知识点来设计教学活动，而项目化学习则是将知识点的教学与学生的实际生活充分结合。在教学方法上，项目化学习以趣味为主，通过寓教于乐的方法，最大可能地激发与调动学生的自主学习兴趣和能力，并通过学生的积极参与来提高教学质量。

如"历史的回声"项目化学习。该项目化学习课题组组建了情报站、发现者、小学者、合秀吧、DIY、创作坊和梦空间等7个小组，并在学生中进行了招募，每组招收6名学生。每个组的任务各不相同，学生可以根据自己的特长和兴趣选择相应的小组申请加入。当然，每个组的任务都是基于学生的生活实际，在项目化学习的过程中尽可能最大化地利用周边资源开展活动。比如DIY小组，主要任务是调查了解民国时期男女服饰样式，通过自行绘制当时的服饰样式，了解当时男女服饰的主要特点；在学习了解拓印方法后，对"雪耻亭"三个字进行拓印。学生通过上网查阅资料，将自己的理解融入绘画和黏土作品，表现出民国时期男女服饰的特点；利用校园里一比一还原的五九国耻纪念碑，学会拓印的技能。在整个项目化学习活动开展的过程中，学生被充分吸引，组员之间互相合作，整个过程得以顺利进行。

（三）小组合作，深度探究

小组合作学习探究是项目化学习模式实施的重要组织形式，也是现阶段各科教学常用的教学方法。在小组学习的基础上，学生既可以分工合作，提高合作能力，也可以互相竞争，提升竞争意识。小组合作是一种充分以学生为主体的学习模式，在小组合作学习模式下，学生的学习热情在同伴的互帮互助中被点燃，学习积极性得到很大的提高。

项目化学习同样十分注重培养学生的合作学习能力，以前述"历史的回声"项目化学习为例。本次项目化学习活动以兴趣相同的同质小组为单位，组员通过协作完成相应的任务。比如创作坊小组的任务是了解五九国耻纪念碑和雪耻亭的历史故事，学生通过分析将调查到的历史故事进行梳理，编写剧本并表演。小组成员必须认真阅读关于雪耻亭、五九国耻纪念碑的历史故事，并合作将故事改写成剧本，整个剧本包括故事梗概、故事大纲、情节编织、人物形象塑造（人物关系、内心世界）等部分。合作编写剧本，有助于学生更好地体会剧本台词的深刻内涵，充分投入表演。

在开展小组合作探究的过程中，学生能够通过互相帮助、互相补充加深对项目的理解，取得更为合理的探究成果，从而提升自身的探究与合作能力。

（四）交流展示，成果分享

评价项目化学习活动的成效，作品和结果的呈现是很重要的衡量指标。在项目化学习模式下，学生完成探究任务后，便进入了作品展示阶段，每个小组都要通过作品来展示他们在项目化学习活动中所获得的知识和所掌握的技能，以及在活动过程中的体验、感悟与反思。因此在设计项目化学习活动时，教师要考虑学生最终会得到怎样的发展，从哪些地方可以体现出他们的收获，而作品无疑就是最好的证明。

在作品呈现环节，各个小组的表现形式各不相同。比如在"历史的回声"项目化学习活动中，DIY小组最终呈现的是关于民国时期男女服饰的绘画和黏土作品，以及相关拓印作品；创作坊小组最终根据自己编写的剧本表演了舞台剧；合秀吧小组的同学在认真学习理解五九国耻纪念碑的碑文后，将碑文断句并进行了吟诵表演；梦空间小组的同学通过观察研究五九国耻纪念碑和雪耻亭的构造，合作画出结构图，并用剪纸、陶艺等形式呈现了碑与亭的结构。

各个小组虽然任务不同，最终呈现的成果不同、形式各异，但学习目标完全一致。各个小组合作完成的作品是学生探究之旅的最好见证，他们的成就感得到了极大的满足，这也是项目化学习活动设计成败的关键。因此，在开展项目化学习时，教师必须充分利用身边资源，对活动形式进行创新，最大化地发挥项目化探究实践的优势。在教学过程中，教师要选取学生感兴趣的探究主题，设计相应的探究内容，激发学生的创新思维，以及主动参与、合作探究的热情和兴趣，从而促进全体学生全程参与，进而提升合作学习素养。

图书在版编目（CIP）数据

儿童合作学习素养培育的原理与实践 / 莫国平，徐根泉，朱芳主编. -- 苏州：苏州大学出版社，2023.4
 ISBN 978-7-5672-4246-3

Ⅰ.①儿… Ⅱ.①莫… ②徐… ③朱… Ⅲ.①小学生-学习方法 Ⅳ.①G622.46

中国国家版本馆 CIP 数据核字（2023）第 066171 号

书　　名：	儿童合作学习素养培育的原理与实践 ERTONG HEZUO XUEXI SUYANG PEIYU DE YUANLI YU SHIJIAN
主　　编：	莫国平　徐根泉　朱　芳
责任编辑：	刘　海　刘　俊
装帧设计：	刘　俊
出版发行：	苏州大学出版社（Soochow University Press）
出 品 人：	盛惠良
社　　址：	苏州市十梓街 1 号　邮编：215006
印　　刷：	苏州工业园区美柯乐制版印务有限责任公司
E-mail：	Liuwang@suda.edu.cn　QQ：64826224
邮购热线：	0512-67480030
销售热线：	0512-67481020
开　　本：	787 mm×1 092 mm　1/16　印张：16　字数：314 千
版　　次：	2023 年 4 月第 1 版
印　　次：	2023 年 4 月第 1 次印刷
书　　号：	ISBN 978-7-5672-4246-3
定　　价：	98.00 元

凡购本社图书发现印装错误，请与本社联系调换。服务热线：0512-67481020